Bro a Bywyd
Beirdd y Mynydd Bach

Golygydd/Emyr Edwards

Cyhoeddiadau Barddas 1999

(h) Emyr Edwards/Cyhoeddiadau Barddas
Argraffiad cyntaf: 1999

ISBN 900437 34 1

Y mae Cyhoeddiadau Barddas yn gweithio gyda chefnogaeth
ariannol Cyngor Celfyddydau Cymru, a chyhoeddwyd
y gyfrol hon gyda chymorth y Cyngor.

Cyhoeddwyd gan Gyhoeddiadau Barddas
Argraffwyd gan Wasg Dinefwr, Llandybïe

Rhagair

Wrth deithio o gylch ardal y Mynydd Bach yng nghwmni Emyr, mab hynaf y diweddar B. T. Hopkins, a minnau'n chwilio am ddeunydd i'r gyfrol hon, cefais y cyfle i fynd un prynhawn i aelwyd y Morfa-du. Yno bu tri o'r beirdd a gyflwynir rhwng y cloriau hyn yn seiadu yn eu hieuenctid. Aeth rhyw ias drwof, ias o eiddigedd ac o edmygedd mawr, oherwydd sylweddolwn yr ymdrech yr oedd y tri wedi gorfod ei gwneud i gyfarfod ar nosweithiau tywyll a garw yn aml ar y morfa anial hwnnw a hwythau'n awchu am drin a thrafod barddoniaeth yn eu hieuenctid byrlymus. Gall ysbryd man a lle ddeffro rhyw gyffro anghyffredin am hir hir amser wedi i'r ysbrydoliaeth wreiddiol ddiflannu o'r tir. Yno yr oedd ysbryd J.M. a Ben a Prosser yn dal yn y gegin dywyll honno yn y Morfa-du. Ond wrth i ni ymestyn ein gorwelion ymhellach o gylch y Mynydd Bach fe ddaethom o hyd i fangre'r pedwerydd o'n prydyddion, sef, T. Hughes Jones, yntau, yn ei dro, wedi profi o rin yr ardal, o'i chymdogaeth, o'i dylanwadau gwledig ac o lifeiriant ei hiaith.

Yn eu tro, hefyd, fe adawodd tri o'r llenorion hyn eu cynefin, a dilyn llwybrau a gyrfaoedd a gofynion bywyd, T. Hughes Jones i'r Drenewydd ac i Glwyd, J. M. Edwards yntau i'r Barri ('ein J. M. Barry ni' – fel y gelwid ef gan un beirniad), a Prosser Rhys i Aberystwyth a Chaernarfon; ond yng nghynefin ei fro yr arhosodd y pedwerydd, sef B. T. Hopkins, i ffermio, i bregethu ac i brydyddu trwy gydol ei oes.

Beirdd oedd y pedwar yn eu hieuenctid, a dechreuasant ganu yn null telynegol y cyfnod, pob un yn ymwybodol o ddylanwad y wlad o'u cwmpas ar gynnwys eu cerddi. Fe dyfodd y pedwar ohonynt i feistroli eu hawen mewn gwahanol ffyrdd, dau ohonynt, sef J.M. a Prosser, yn cystadlu ac yn ennill coronau Cenedlaethol, un, sef B.T., yn aros yn fardd gwlad pur, a'r pedwerydd, T. Hughes Jones (Twm Fardd fel y gelwid ef yn ei ieuenctid) yn mynd ar hyd llwybrau rhyddiaith ac yn tyfu'n feistr ar y stori fer hir.

Mae'n ddiddorol cofio i bob un o'r pedwar gynhyrchu darn o waith a'i poblogeiddiodd dros nos, fel petai, B. T. Hopkins â 'Rhos Helyg', J. M. Edwards â 'Peiriannau', Prosser Rhys â'i 'Atgof', a T. Hughes Jones â'i *Sgweier Hafila*. Ond y mae gan y gwŷr hyn lawer mwy i'w gyfrannu at stôr ein llenyddiaeth yn yr ugeinfed ganrif, yn gerddi, yn ysgrifau, yn feirniadaethau, yn draethodau ac yn storïau.

Wrth gasglu'r dystiolaeth lungar ar gyfer y gyfrol hon, yr oeddwn felly yn ymwybodol fod yn rhaid ar yr un pryd roi cyfle i flas eu cynnyrch llenyddol gyfrannu at hanes pob un ohonynt. Nid wyf yn ymddiheuro felly am gynnwys swm sylweddol o enghreifftiau o'u gwaith ymhlith y lluniau.

Er mai datblygu fel beirdd a llenorion mewn ffyrdd tra gwahanol a wnaeth y pedwar ohonynt, eto i gyd y mae un peth yn sicr yn eu huno, ar wahân i gadwyn bro eu mebyd, a hynny yw'r modd y medrent bwyso ar iaith gynhenid bur eu milltir sgwâr trwy gydol eu hoes. Yn hynny o beth y mae pob un o'r pedwar yn fardd yn ystyr fwyaf grymus y gair, sef dewin trin geiriau.

Mae'n bleser mawr gennyf gyflwyno braslun llungar o fywyd a chyfraniad y nythaid yma o feirdd-lenorion y Mynydd Bach.

Emyr Edwards

1

2

T. Hughes Jones
1895–1966

1. Llyn Eiddwen.

2. Tirlun o'r Mynydd Bach.

3. Manylyn o Gofeb y Beirdd ar y Mynydd Bach.

4. T. Hughes Jones.

5

6. Fferm Blaen Aeron, yn adfail heddiw. Yma y treuliodd T. Hughes Jones rai o flynyddoedd ei lencyndod.

'Cyn hir symudodd ei dad i fferm fwy a oedd yn ymyl, yn dwyn yr enw Blaen Aeron. Am y ffin â'r fferm hon yr oedd tyddyn o'r enw Dolebolion: yno y trigai John Rowlands, gŵr galluog a diwylliedig, ac un a oedd yn gryn feistr ar y cynganeddion. Gwelodd y gŵr hwn yn fuan fod Tom yn fachgen eithriadol, a dechreuodd ddysgu rheolau'r gynghanedd iddo. Aent gyda'i gilydd yn aml i eisteddfodau yn y cylch, ac fel rheol byddai Tom yn siŵr o ennill amryw wobrwyon am wahanol eitemau, megis cyfansoddi penillion, adrodd, araith ddifyfyr, llunio brawddeg, ac ateb chwe chwestiwn ar wybodaeth gyffredinol, ac yntau Rowlands, y rhan amlaf, yn fuddugol ar yr englyn.'

Disgrifiad B. T. Hopkins o ieuenctid T. Hughes Jones.
O'r gyfrol *Atgof a Storïau Eraill.*

5. Fferm Cefn Hendre, plwyf Blaenpennal. Yma y magwyd T. Hughes Jones.

'Cofiaf ef gyntaf pan oedd yn byw mewn fferm o'r enw Cefn Hendre yn ymyl fy nghartref. Pan oedd tua chwech oed bu farw ei fam. Ond ni chafodd ef na'i chwaer Jane, a oedd dair blynedd yn iau, unrhyw gam, gan i chwaer eu tad fod yn ofalus iawn ohonynt fel teulu.'

Disgrifiad B. T. Hopkins o lencyndod T. Hughes Jones.
O'r gyfrol *Atgof a Storïau Eraill,* T. Hughes Jones,
Golygydd: Gildas Tibbott, 1971.

6

7. I Ysgol Tanygarreg yr aeth T. Hughes Jones yn ddisgybl. Yr oedd yno yr un pryd â B. T. Hopkins.

'Pan oedd Tom yn yr ysgol yn Nhanygarreg enillodd ei le yn rhwydd fel y disgybl disgleiriaf ymhlith y llu plant a oedd yn yr ysgol y pryd hwnnw. Darllenai'n helaeth, ac yr oedd ei gof yn eithriadol.'

Disgrifiad B. T. Hopkins o yrfa T. Hughes Jones yn Ysgol Tanygarreg. O'r gyfrol *Atgof a Storïau Eraill*.

7

8

'Gan ei fod mor dalentog soniodd yr ysgolfeistr wrth ei dad ynghylch ei anfon i'r Ysgol Sir yn Nhregaron. Peth anghyffredin oedd hynny yn ardal Blaenafon yr adeg honno. Wedi petruso am dipyn penderfynodd ei dad nad oedd dim arall amdani ond ei anfon i Dregaron. Wedi mynd yno gwnaeth ei farc yn fuan. Barddonai'n gyson, ac enillodd ei gadair gyntaf yn Eisteddfod Llanddewi Brefi. Yr enw a roddwyd arno gan ei gyd-ysgolheigion oedd 'Tom Bardd'.'

Disgrifiad B. T. Hopkins o yrfa T. Hughes Jones yn Ysgol Sir Tregaron. O'r gyfrol *Atgof a Storïau Eraill*.

8. Fferm Cae'r Ochor. Bu T. Hughes Jones yn byw yma yn ystod y cyfnod pan oedd yn yr ysgol a'r coleg. Byw gyda'i dad yr oedd yma, yn ffermio ac yn darlithio yn yr ardal. Bu'n ddylanwad ar lawer a drigai yn y cylch, gan gynnwys B. T. Hopkins.

'Ceir llawer enghraifft yn ei ysgrifau lle mae'n darlunio cymdeithas wledig bro ei febyd. Rhyw filltir o'i gartref ym Mlaenafon, yn groes i gors Mynydd Brith, yr oedd y ffarm Taihirion Rhos. Yno yn byw yr oedd y ffarmwr a'r pregethwr John Owen, ac 'roedd yntau, fel arwr y stori ('Buddugoliaeth'), yn cael ei gyfrif yn ei ddydd yn awdurdod ar y cob Cymreig. Ar y Sul pregethai John Owen yn ei dro mewn lleoedd fel Blaenannerch, Tywyn, ac Aberteifi. Arferai gychwyn ar y daith bregethu yn gynnar brynhawn Sadwrn a dod adref yn union ar ôl oedfa'r hwyr nos Sul. Storïau eraill sy'n darlunio bywyd ei gynefin yw 'Cŵn', 'Sbonio', 'Beddargraff Abram Puw', ac 'O Rod i Rod'.'

Evan Jones, *Y Mynydd Bach a Bro Eiddwen*, 1990.

9. O Ysgol Tanygarreg aeth T. Hughes Jones yn ddisgybl i Ysgol y Sir, Tregaron. Ef oedd rhif 433 yn yr ysgol honno. Cofrestrwyd ef yn y modd canlynol:

> Jones. Tom Hughes. Mab Rhys Jones,
> ffermwr, Blaenavon, Blaenpennal.
> Geni 23.1.85
> Ysgol Tregaron 20 Medi 1909.

'Bywyd main, a dweud y lleiaf, oedd un pobl y Mynydd Bach ar hyd yr amser. Mynnodd rhai rhieni roi cyfleusterau addysg i'w plant, os oedd rhyw fodd y gellid gwneud hynny. Gan fod y bachgen Tom Hughes Jones mor ddisglair penderfynwyd iddo gael mynd i Ysgol Sir Tregaron ar ôl iddo orffen yn yr ysgol fach yn Nhangarreg. Dechreuodd ymhél â barddoniaeth pan oedd yn grwt ifanc. Yr oedd cymydog iddo, John Rowlands, yn ddyn diwylliedig, a dysgodd y bachgen reolau'r gynghanedd ganddo. Bu'r ddau yn cystadlu llawer yn yr adran lên yn yr aml eisteddfodau lleol a gynhelid bron ym mhob pentref yn y cylch yr adeg honno.'

Evan Jones, Y Mynydd Bach a Bro Eiddwen

10. O Ysgol Sir Tregaron, aeth T. Hughes Jones ymlaen i Ysgol Ardwyn, Aberystwyth, Ysgol Penweddig erbyn heddiw.

9

10

11

12

11.   T. Hughes Jones, y Bardd Ifanc.

'Hyd yn oed yn ei ddyddiau ysgol yn Nhregaron llysenw ei gyfoedion arno, yn ôl B. T. Hopkins, oedd 'Tom Bardd'. Yn y cyfnod hwnnw yr enillodd ei gadair eisteddfodol gyntaf, mewn Eisteddfod yn Llanddewi Brefi yn 1913, ac yr oedd wedi ennill y tair arall, yn Nhregaron, Ysbyty Ystwyth, a Rhydcymerau, cyn cyrraedd pump-ar-hugain oed. Ei bryddest, 'I'r Rhai a Gwympodd', a ddyfarnwyd yn orau gan yr Athro T. Gwynn Jones yn 'Eisteddfod Colofn-Goffa Aberystwyth' ym Mehefin 1923.

Gildas Tibbott, *Atgof a Storïau Eraill.*

12.   Bu T. Hughes Jones yn fyfyriwr yng Ngholeg y Brifysgol, Aberystwyth, cyn ac ar ôl y Rhyfel Byd Cyntaf.

13.   Ymddengys enw T. Hughes Jones fel un o olygyddion cylchgrawn *Y Wawr*, sef cylchgrawn Coleg y Brifysgol, Aberystwyth.

13

" *Ein Goren i Gymru, a Chymru i'r Byd.* "

Y Wawr.

CYLCHGRAWN GYMRAEG

Dan nawdd Cymry Coleg y Brifysgol Aberystwyth

Cyfrolau I., II, III.

Golygyddion:—

CYFROL I.—T. IFOR EVANS.
„ II.—T. OSWALD WILLIAMS.
„ III.—T. HUGHES JONES.

ABERYSTWYTH—WELSHPOOL.

Argraffwyd dros y Pwyllgor gan DAVID ROWLANDS.
1913—1916.

14

Yr Amaethwr.

(Buddugol).

Ben bore gwelir ef, a'r haul yn dân
   O aberth byw yn llosgi ar y bryn,
   A gwelir ef, pan rydd yr hwyrnos syn
Yn y ffurfafen ei llusernau mân,
Ar hyd y meysydd, rhwng y blodau glân,
   Heb hamdden i addoli'r swynion hyn,
   A chyngan dwfn afonig yn y glyn
Yn ateb cor y wig a'i lawen gân.
Didostur fyd anghyfiawn wnaeth i hwn
   Yn sanctaidd le y Greadigaeth fawr
Gydnabod rhwymau gormes, a dwyn pwn
   Roed gan ei frawd i'w wasgu tua'r llawr;
Nid baich sydd iddo,—daw yn rhydd, a gwn
   Y llysg cadwynau trais pan dyr y wawr,
               T. HUGHES JONES.

14.   Cerdd gan T. Hughes Jones a ymddangosodd yn *Y Wawr*, cyfrol I, rhif 2, Gwanwyn 1914.

15.   Tom Hughes Jones y milwr.

15

Hydref

Yr oedd cwyno yn y coed,
   A daeth awel ar ei hynt:
Awel finiog, oera' erioed;
   Siglai'r dail yn sŵn y gwynt.

Drannoeth wedi'r ddrycin gref,
   Gwelid ar ôl toriad gwawr
Brudd-der du ar wyneb nef:
   Yr oedd llwybyr coch ar lawr.

      *   *   *

Eto'r wyf dan wgus nen,
   Safaf ar y llwybyr gwaed,
Y mae'r tawch yn dew uwchben,
   Y mae'r marw'n dew dan draed.

          Pte. T. Hughes Jones, B.A.
          Welsh Guards, Caterham.

Cerdd a anfonwyd o wersyll y Gwarchodlu Cymreig, Caterham, gan Breifat T. Hughes Jones i gylchgrawn *Y Wawr*, cyfrol IV, rhif I, Gaeaf 1916.

Adwaenwn i hen ŵr a fu byw am y rhan fwyaf o'i oes ymhell o'r ffordd haearn, ond yn niwedd ei oes symudodd i le agos iddi. Dywedant na newidia'r hen, ond ai am ei fod yn ei ail fabandod ai am ryw reswm arall cymerth yr hen ŵr ddiddordeb mawr yn y trên. Pan aeth ar ei daith gyntaf yn y trên yr oedd ei lawenydd yn ddiderfyn, ac yr oedd y diwrnod hwnnw yn ddiwrnod i'w gofio yn ei hanes. Wedi dihysbyddu diddordeb y darluniau ar bared y cerbyd edrychodd o amgylch. Clywsai sŵn y trên lawer gwaith ond yn awr yr oedd ef yn rhan o'r sŵn fel petae, a phan welai'r edrychwyr yn y caeau tybiai fod ganddo ef ei ran yn y rhyfeddod. Bron nad ysgydwai law â phob *stationmaster* ar y daith.

Effeithiodd cynefindra â'r tren ar siarad yr hen frawd; ac ni welid hynny'n amlycach yn unman nag yn y seiat. Tynnai'r hen frawd ei ddamhegion a'i gymariaethau oddi wrth y trên. Darluniai'r Cristion yn rhedeg ei yrfa fel trên yn gadael yr orsaf – yn araf ar y dechrau, yna'n ennill nerth a chyflymdra, a pho bellaf yr eid anos oedd troi yn ôl. Yr oedd hyn yn wir, ebe ef, am y drwg a'r da. Darluniai brofedigaeth y Cristion fel tynel. Byddai yn sicr o fod yn olau'r ochr draw, a cheid allan fod bryn wedi ei oresgyn heb ei ddringo, a bod rhywun wedi darparu goleu yn y tywyll. Gwir fod y cymariaethau'n aml yn wallus a'r damhegion yn gloff. Oni ddywedodd Macaulay mai gorchwyl digon anodd oedd gwneud i gymhariaeth syml gerdded ar ei phedair troed; felly beth am ryw neidr gantroed o ddameg!

Rhan o'r ysgrif 'Sŵn y Trên', a luniodd T. Hughes Jones pan oedd yn filwr gyda'r Gwarchodlu Cymreig yn Caterham, a'i chyhoeddi yn *Y Wawr*, cyfrol IV, rhif I, Gaeaf 1916.

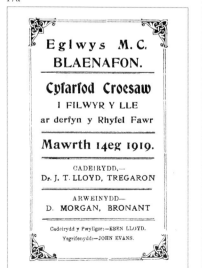

16. Cofeb i'r bechgyn a aeth i'r Rhyfel Byd Cyntaf o ardal Blaenafon. Mae'r Gofeb ar fur capel Blaenafon. Enw T. Hughes Jones, Cae'r Ochor, yw'r trydydd o'r gwaelod.

17a/b. Rhaglen Cyfarfod Croeso'r Milwyr a ddychwelodd o'r Rhyfel Byd Cyntaf i Flaenafon a'r cylch. Cynhaliwyd y cyfarfod yn Eglwys Blaenafon, Mawrth 14, 1919. Y mae T. Hughes Jones yn gynwysedig yn y rhaglen.

18.   Tom Hughes Jones yn sefyll
yn nrws ei lety yn South Road,
Aberystwyth, pan oedd yn
fyfyriwr yn y Coleg yno.

'There is another Tom, but little known to his fellows, a hard-working, reflecting, thinking, creative Tom. He is a man with a passion – a passion for Wales and all things Welsh . . . He has written poetry which demands that he should be taken seriously as a poet. He has written successful short-stories for the press and the Eisteddfodau, and his name is a familiar one in all the correspondence columns where the cause of Wales may be fought for and furthered. But let us leave the Tom who is the nation's and come back to the Tom who belongs to us. Carlyle's summing up of one of his characters will need little emendation. 'A thorough Welshman, with a fine brain, sunny eyes, and a great fund of goosery'.'

Portread geiriol o T. Hughes Jones gan Howell Davies, golygydd cylchgrawn y Coleg, *Y Wawr*, pan etholwyd ef yn Llywydd y Myfyrwyr, Coleg y Brifysgol, Aberystwyth, ym 1920.

19.   Tom Hughes Jones (ar y chwith) yn fyfyriwr yng Ngholeg y Brifysgol, Aberystwyth.

'1920-21. Hon oedd ei flwyddyn fawr yn y coleg, pan etholwyd ef yn Llywydd Cyngor y Myfyrwyr. Nid wyf yn credu y bu neb, ar hyd y blynyddoedd, yn fwy llwyddiannus a phoblogaidd nag ef fel Llywydd y Myfyrwyr. Clywais ef yn adrodd lawer gwaith am y frwydr a gafodd i sicrhau mwy o ryddid cymdeithasol i'r myfyrwyr yn erbyn ystyfnigrwydd ceidwadol y rheolau – y 'Coll, Regs'. Yr oedd cynifer ohonom, fel yntau, wedi bod yn filwyr yn y Rhyfel ac wedi hen alaru ar ddisgyblaeth ar ôl inni sylweddoli ein rhyddid. Er nad oedd neb ohonom, am wn i, am gicio dros y tresi ynglŷn â disgyblaeth resymol, eto i gyd yr oedd yna ryw adwaith wedi tyfu ynom yn erbyn pob math o ormes bellach, a'n harwr yn hyn o beth oedd ein Llywydd.'

T. I. Phillips, cyd-fyfyriwr i T. Hughes Jones yng Ngholeg y Brifysgol, Aberystwyth. O'r gyfrol *Atgof a Storïau Eraill*.

20

20.   Tom Hughes Jones (ar y chwith yn y rhes gefn) gyda'i gyd-fyfyrwyr yn nosbarth yr Athro T. Gwynn Jones, yng Ngholeg y Brifysgol, Aberystwyth.

21

Corsica a Galilea.

A'r hwyr yn nyddu 'r gwyll a'i bysedd llaith
Fel amdo ddu ar gyrrau maes y gad,
A rhu y fagnel ar ororau'r wlad,
Daeth hedd y gladdfa wedi'r ymdrech faith ;
A gwawdiai hyll ellyllon uffern waith
Yr hwn a grewyd gynt ar ddelw fad,
A ddrylliodd hwnnw yn ei nwyd a'i frad
I ddarnio i frawd, a hylled fydd y graith !
Gorweddai milwr gwelw ; clywodd lef
Ei elyn draw am ddwfr, ac aeth a'i fryd
Yn llawn o gariad i'w ddiwallu ef,—
A'r llwybr gwaed a fu ei lwybr o'r byd.
Mae uffern ar y fangre ; ond mae nef
Yn agos i Galfaria dyn o hyd.

T. HUGHES JONES.

22

Y Dydd.

Ni ddaeth y dydd os cuddir llwybrau'r llawr,
Os ydyw'r dagrau ar y blodau man,
A thelyn ber y goedwig heb ei chan,
A phlant y nos yn chware'n nhemlau'r wawr ;
Ni ddaeth y dydd os ydyw dyn ar lawr,
Os llifa'i ddagrau, os diffodir tan
Ei ysbryd llawen a'i uchelgais lan,
Os cuddir rhinwedd gan y gorthrwm mawr.
Pa bryd y gwrida'r dydd ar gaerau'r nef
I sychu dagrau hallt dynoliaeth sydd
Heb gan i'w thelyn ond wylofus lef ?
Pa bryd y daw i ollwng hon yn rhydd ?
Pa bryd y ceir o hon gynghanedd gref
Gobeithion dyn yn rhyddid bythol ddydd ?

T.H.J.

23

Yn unig crwydrais yn y storm ar hyd
Terfynau garw'r don i wrando'i chri,
A'r mellt yn eiddi aur ei gwisgoedd hi,
A'r dyfnder tywyll yn ei ddigllon fryd
Dan fflangell lem y gwynt yn herio byd,
Gan fygwth yn ei nwyd falurio bri
A gallu'r nef ei hun, ond methwn i
Ddehongli ystyr ynddynt hwy i gyd.
Ond clywais gri amddifad tlawd a gwan
Yn nyfnder nos ar gerrig oer y dref,
Ac ymchwydd gofid dyn yn curo dan
Y fynwes drom, ac yn nhrueni'r llef,—
Yr ymchwydd hwnnw a dyr ar greigiau'r lan
Gan dderbyn adlais cyrrau pell y nef.

T. HUGHES JONES.

21. 'Corsica a Galilea', cerdd gan T. Hughes Jones o gylchgrawn myfyrwyr Coleg Prifysgol Cymru, *Y Wawr*, rhwng 1921 a 1922.

22. Cerdd gan T. Hughes Jones, 'Y Dydd', a gyhoeddwyd yng nghylchgrawn Cymraeg Coleg Prifysgol Cymru, Aberystwyth, ym 1921.

23. Cerdd arall gan T. Hughes Jones o'r cylchgrawn *Y Wawr*, 1921-1922.

24. Yr oedd T. Hughes Jones yn areithiwr brwd pan oedd yn fyfyriwr yn Aberystwyth. Dyma dystiolaeth fod ganddo ddawn lachar i'r cyfeiriad hwn, o'r cylchgrawn *The Dragon* (1921-1923).

24

Lit. & Deb. Society.

Mr. Tom Hughes Jones, opening on the negative, attempted to define " essentials " and " nationality." After stating that neither ties of blood, nor common action nor common suffering were essential qualities of a nation, he went on to say that geographical influences and a corporate consciousness were the only true essentials. This speaker, in his usual vivacious fashion, showed that no nation has a monopoly of ideas, and that different languages may contain the same noble thoughts, therefore language may be desirable, but is not essential for the preservation of a nation.

26

25

25. Llyfrgell Genedlaethol Cymru, lle bu T. Hughes Jones yn ymchwilio i 'Social Life in Wales in the eighteenth century as illustrated in its popular literature of the period' ar gyfer ei radd M.A.

26. Ysgol Tanygarreg. Wedi iddo ddychwelyd o'r Coleg ac ar ôl y Rhyfel Byd Cyntaf, dychwelodd T. Hughes Jones i'r ysgol hon i gynnal dosbarthiadau nos mewn llenyddiaeth, ac ysgrifennodd ddramâu i gwmni'r gymdogaeth eu perfformio yn yr ysgol hon.

'Ar ôl gadael y coleg bu yn cynnal dosbarthiadau nos yn rhai o ardaloedd gwledig ei sir megis yn Llanafan a Chastell Flemish. Gwasgwyd arno i ysgrifennu llyfr i ddarlunio bywyd yng nghymdogaeth y Mynydd Bach. Gwnaeth yntau hynny ac mae pobl Cymru llawer yn well o'i gyfraniad. Efallai, er hynny, mai mewn stori fer y gallai ddisgrifio bywyd ei gyfnod orau, ac nad oedd y nofel a'r epig hir yn gydnaws â'i anian fyw.'

Evan Jones, *Y Mynydd Bach a Bro Eiddwen.*

27

```
"MELLTITH   Y   LLYN"

-----------oOo--------------

Chwarae Un Act

gan

T. HUGHES JONES.

---------------oOo----------------

GOLYGFA ...... CEGIN GWARLLYN.

AMSER......... HEDDIW.  NOS CALANGAEAF.

CYMERIADAU:-

    Daniel Williams .... Gwr Gwarllyn.

    Annie ............. Ei ferch.

    John .............. Ei fab.

    Morgan Jones ....... Bugail defaid.
```

28

29

27.   Clawr sgript un o'r dramâu a ysgrifennodd T. Hughes Jones ar gyfer cwmni lleol o actorion o Flaenpennal. Arferent ymarfer a pherfformio yn Ysgol Tanygarreg. Yr oedd gwraig B. T. Hopkins, Jên Ann Hopkins, yn actio yn y dramâu hyn.

28.   Llanbedr-Pont-Steffan, lle bu Tom Hughes Jones yn swyddog yng ngwasanaeth y Mudiad Cynilo Cenedlaethol, ei swydd gyntaf ar ôl gadael Coleg Aberystwyth.

29. David Davies, Llandinam, Aelod Seneddol Sir Drefaldwyn ym 1923, pan aeth T. Hughes Jones i weithio iddo a gwasanaethu ar ran y Blaid Ryddfrydol yn y sir honno. Bu T. Hughes Jones yn y swydd honno am chwe blynedd.

30. Ymgartrefodd am gyfnod sylweddol o'i fywyd yn Y Drenewydd lle bu'n ffigwr amlwg a phoblogaidd ym mywyd cymdeithasol, addysgol a chrefyddol yr ardal.

31. Llun o Bwyllgor Gweithiol Cymdeithas Cymry'r Drenewydd, 1928-29. Y mae T. Hughes Jones yn y rhes gefn, yr ail o'r dde.

32. Tref Aberystwyth, lle bu T. Hughes Jones yn drefnydd Cyngor Diogelu Harddwch Cymru rhwng 1929 a 1932. Fe deithiai i bob rhan o Gymru yn darlithio yn ei swydd newydd.

33. Teras Nant-oer, ym mhentref bach Nant-oer, tua milltir o'r Drenewydd, ar y ffordd i Lanidloes. Bu T. Hughes Jones yn byw yn y trydydd tŷ o'r chwith, pan oedd yn athro yn Ysgol Ramadeg Y Drenewydd.

33

34

35

34. Ysgol Ramadeg Y Drenewydd, lle bu T. Hughes Jones yn athro ysgol hyd 1942.

35. T. Hughes Jones, ar achlysur ei briodas ag Enid (Enid Bumford gynt o Lanfair-caereinion), ym 1934.

'Ym 1940 torrodd dir newydd gyda stori fer-hir, 'Sgweier Hafila', a enillodd iddo Fedal Ryddiaith Eisteddfod Genedlaethol y Radio, a'r Dr Kate Roberts yn beirniadu. 'Eithr gwnaeth fwy' – i ddyfynnu Tegla – 'nag ennill gwobr a medal. Cyn hyn dieithr i lenyddiaeth Cymru oedd y stori fer-hir. Gwnaeth ef waith mor dda arni nes ei chodi i'r amlwg a chreu traddodiad iddi. Beth bynnag fydd datblygiad y stori fer-hir yn y dyfodol rhaid mynd yn ôl ato ef fel y sawl a greodd draddodiad iddi yng Nghymru fel y creodd Daniel Owen draddodiad y stori hir a Richard Hughes Williams draddodiad y stori fer'.'

Gildas Tibbott, *Atgof a Storïau Eraill.*

'*Nemo.* – Y tro cyntaf y darllenais hanes Sgweier Hafila bûm yn chwerthin pyliau dros y tŷ. Yr ail dro y darllenais hi euthum yn drist iawn. Mae rhai elfennau ffars yn y stori eithr nid ffars mohoni, er y gall unrhyw un, fel finnau, wrth ei darllen unwaith feddwl felly. Hanes Daniel Jones, Rhos y Grug, sydd yma, tyddynnwr ar dir llwm yn Sir Aberteifi, yn cael gweledigaeth mewn pregeth ddydd Diolchgarwch, ar ddarn o wlad o gwmpas gardd Eden, "lle y mae yr aur; ac aur y wlad honno sydd dda; yno y mae Bdeliwm a'r Maen

Onix"; ac effaith y bregeth yna ar weddill bywyd Daniel Jones yw pwnc y stori hon. Dangos dirywiad Daniel Jones yn araf a wneir, ac mae'r stori fer hir yn erfyn effeithiol yn llaw'r awdur hwn. Rhoir inni olygfa ar ôl golygfa sy'n dangos y gwron yn mynd tuag i lawr ar ôl ei ddelfryd. Weithiau, mae'r golygfeydd yn ddigrif ar yr wyneb, megis diwrnod y ffair, a'r cyfarfod ricriwtio. Eto, nid peth achlysurol yw'r digrifwch, mae'n rhan o hanfod y stori. Er enghraifft, yn y ffair, pan chwystrella D. Jones y dŵr i lawr rhwng crys a chroen y gŵr a'i rhedodd yn ei garwriaeth, teimlwn mai dyna'r ffordd orau i ddangos nad oedd Daniel yn teimlo o golli ei gariad, ac mai Hafila a'i aur oedd ei nefoedd mwyach. A'r olygfa yn y dafarn lle y tyr Daniel ar draws huodledd y milwr a gofyn beth am Hafila – mae pwrpas i'r olygfa. Yn y stori hon teimlaf fod yna ddyfnder o dan y gwamalrwydd ymddangosiadol. Gobeithiaf nad wyf yn darllen gormod i'r stori, eithr teimlaf ei bod fel alegori sy'n ddarlun o fywyd pawb sy'n hiraethu am rywbeth gwell ac yn methu ei gael ac mai lloerig yw pawb sy'n hiraethu felly. Ac yn y diwedd nid oes fawr o wahaniaeth rhwng Sgweier Hafila na chafodd ei ddymuniad a Davies Hyde Park a wnaeth ei ffortiwn wrth werthu llaeth yn Llundain. Tae waeth am hynny, fe roes *Nemo* inni stori wirioneddol dda. Un rhinwedd arbennig yn y stori hon ydyw, fod cefndir y capel a'r pentref – y bywyd cymdeithasol os dymunwch – wedi ei weithio i mewn yn ddiarwybod i'r darlun. Dengys wendid y gymdeithas yn wawdlyd ddigon, ond nid oes malais yn ei wawd.'

Beirniadaeth Kate Roberts ar *Sgweier Hafila* gan T. Hughes Jones, a enillodd y wobr gyntaf yng nghystadleuaeth y stori fer-hir yn Eisteddfod Genedlaethol y Radio ym 1940.

36. T. Hughes Jones, a'i wraig Enid, yn hamddena yng ngardd eu cartref yn Y Drenewydd ym 1941.

'Ond y mae gormod lawer o bethau ystrydebol, pethau sydd wedi colli'u diddordeb erbyn hyn oni roddir rhyw newydd-deb iddynt, pethau fel plentyn maeth a rhyw flwch i gael ei agor ymhen blynyddoedd a hwnnw'n dangos fod y plentyn yn fab y plas; gorweithir tric y cyd-ddigwyddiad, – er bod hynny digwydd mewn bywyd, mewn nofel rhaid i'r awdur argyhoeddi'r darllenydd fod y peth wedi digwydd. Teimlaf mai meddwl am y ffrâm a rhai o'r triciau yma a wnaeth rhai o'r ymgeiswyr i ddechrau ac yna meddwl am y cymeriadau, yn hytrach na myfyrio ar fywyd a gweld y stori'n codi ohono. Y mae llunio cymeriad mor bwysig mewn nofel â chywreinrwydd cynllun. Nid wyf am lynu'n gaeth wrth y diffiniad mai graddol ddatblygu cymeriad (neu ddangos cymeriad yn dirywio) yw hanfod nofel, ond y mae hynny'n rhan fawr o unrhyw arbenigrwydd ynddi. Gellid meddwl ambell waith mai fel hyn y gwneir nofel: Cymerwch blentyn gordderch, blaenor rhagrithiol, sgweier trahaus, ogof, blwch haearn dan glo, llofruddiaeth, a hen wrach; rhoddwch hwy i gyd (neu rai ohonynt) mewn crochan, a gadewch i glecs yr ardal ddwyn y cwbl i'r berw; yna arlwywch y saig heb ddim arlliw o hiwmor. Y mae'n bosibl cysylltu'r pethau hyn i gyd â bywyd cefn gwlad ond peidio â rhoi'r syniad iddynt gael eu dewis yn hollol beirianyddol. Y mae'r diffyg hiwmor yn amlwg iawn; gellid ysgrifennu uwchben drws y gystadleuaeth hon "DIM CHWERTHIN YMA".

Y mae cadw diddordeb y darllenydd yn bwysig, ond y mae rhai o'r cystadleuwyr yn lladd y diddordeb hwnnw trwy ddatguddio cyfrinach yn rhy fuan, yn hytrach na chadw'r darllenydd ar bigau'r drain am ychydig a rhoddi'r esboniad yn ei briod le.'

Sylwadau gan T. Hughes Jones ar grefft y nofel fer, ffurf o fynegiant yr oedd yn feistr arni, o'i feirniadaeth ar y Nofel Fer (yn ymwneud â bywyd cefn gwlad) yn Eisteddfod Genedlaethol Aberystwyth ym 1952.

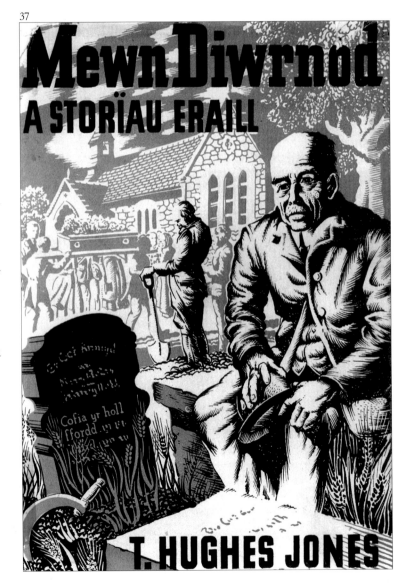

37.   Cyhoeddodd T. Hughes Jones *Mewn Diwrnod a Storïau Eraill*, ym 1948. Yn y gyfrol hon y mae bywyd cefn gwlad ei febyd yn gefndir amlwg.

Trobwynt bywyd T. Hughes Jones.

'Wedi i'r Ail Ryfel dorri allan gofynnodd yr Arolygwyr . . . a ellid gwneud rhywbeth i wella dysgu Hanes Lleol yn yr ysgolion. Crybwyllais hyn wrth Tom, a chytunodd i fod yn gadeirydd panel o athrawon . . . Dyma drobwynt ei fywyd . . . paratowyd y 'Syllabus of Local History' . . . Gofalai'r pwyllgor fod y cadeirydd yn darparu rhaglen gogyfer â dathlu Dygwyl Ddewi ym mhob ysgol, gydag un o enwogion y sir yn 'bwnc'. Gwnâi yntau hyn â'r trylwyredd ac â'r ddawn a oedd mor nodweddiadol ohono. Aeth ei waith yn hysbys . . . hyd siroedd eraill, a gelwid arno i annerch ar gynllun Maldwyn. O ganlyniad i'r sylw hwn a gafodd, gwahoddwyd Pwyllgor Addysg Maldwyn i'w ryddhau er mwyn iddo ymuno â staff Coleg Brys Wrecsam . . . Parhaodd yno a dod yn is-brifathro, hyd onid ymddeolodd yn 67 oed ym 1962.

Disgrifiad o yrfa T. Hughes Jones pan oedd ym Maldwyn, gan David Rowlands o'r Drenewydd.

38. Afon Rheidol.

Tair Afon

Fe gysgai tair morwynig
 Ar ben Pumlumon fawr,
Sef Hafren, Gwy a Rheidol,
 Yn disgwyl toriad gwawr.

Meddylient godi'n fore
 A theithio'n rhydd a llon,
A chyrraedd cyn yr hwyrnos
 Eu cartre 'nghôl y don.

Dihunodd Gwy a Hafren
 O'u cwsg yn fore iawn,
A daethant 'rôl hir deithio
 I'r môr yn hwyr brynhawn.

Ond cysgodd Rheidol ieuanc
 Heb bryder yn ei bron,
Ac wedi hwyr ddihuno
 Rhuthrodd yn syth i'r don.

A dyna pam mae Hafren
 A Gwy'n ymdroelli'n faith,
A Rheidol fach yn rhedeg
 Yn syth i ben ei thaith.

 Cerdd gan T. Hughes Jones, a gynhwyswyd yn y flodeugerdd *Cerddi Gwlad ac Ysgol*, 1957.

39

39.   Coleg Cartrefle, Wrecsam, lle bu Tom Hughes Jones yn ddarlithydd ac yn is-brifathro o 1946 hyd 1962.

'Wrth gwrs, yr oedd yn ffefryn y Cymry Cymraeg, yn y darlithiau, ar deithiau, ac yn y gymdeithas yn gyffredinol. Ef yn bennaf oedd yn gyfrifol am eisteddfod aruthrol a gafwyd yn ystod y flwyddyn yr oeddwn i yno. Ond yr oedd y rhai di-Gymraeg hefyd yn gorfod cyfaddef mai ef oedd y gorau o ddigon pan gafwyd cyfres o ddarlithiau agoriadol, yn Saesneg, gan bob un o'r staff yn ei dro. Daeth yn ddirprwy-brifathro yn y Coleg, ac yn fawr ei ddylanwad. Miss Magdalen Morgan oedd y pennaeth, ac yr oedd hi'n mwynhau'r bersonoliaeth a'r ddawn a'r athrylith anghyffredin a oedd gan T. Hughes Jones.'

Atgofion Neli Davies, Tregaron, o T. Hughes Jones fel darlithydd yng Ngholeg Cartrefle, Wrecsam, ym 1946.

''Roedd e'n ddarlithydd adloniadol, a chyda chyfeillion ar y staff, 'roedd yn gydymaith diddorol iawn, gyda stôr enfawr o ddywediadau digri. Fy atgof parhaol ohono yw un a oedd yn addfwyn ac yn garedig a enynnodd barch y staff a'r myfyrwyr.'

Atgofion M. E. Jones, Wrecsam, o T. Hughes Jones, pan oedd ef ar staff Coleg Cartrefle rhwng 1946 a 1962.

'Fe garai'r Beibl Cymraeg yn angerddol, a byddai'n anodd taro ar neb mwy hysbys yn yr Ysgrythurau nag ef. Darllenasai'r Beibl drwyddo droeon. Dyna drachefn ei ddiddordeb yn yr Eisteddfod. Gwasanaethodd yn ddygn ar bwyllgor Eisteddfod Genedlaethol Maelor, a bu'n beirniadu'r llên a'r adrodd ugeiniau o weithiau mewn eisteddfodau bach lleol.'

Teyrnged i T. Hughes Jones gan un o'i gyfeillion, y Parchedig T. Glyn Thomas, Wrecsam.

40a

40b

ATGOF

A STORÏAU ERAILL

YNGHYD Â

DETHOLIAD O YSGRIFAU, SGYRSIAU
A CHERDDI

GAN
Y DIWEDDAR T. HUGHES JONES

Golygwyd gan
GILDAS TIBBOTT

'Y TOM GWYLAIDD, TWYMGALON'

GWASG GOMER
LLANDYSUL
1971

40a/b.   Tudalennau blaen y gyfrol *Atgof a Storïau Eraill*, casgliad o storïau, ysgrifau, sgyrsiau a cherddi o eiddo T. Hughes Jones a olygwyd gan Gildas Tibbott, ym 1971.

Gyfaill hoff, prudd ei goffa – wedi'r hwyl
Gyda'r holl lenydda;
Gŵr swil, 'Sgweier Hafila',
Gŵr o bwyll, di-dwyll a da.

T. I. Phillips

41

B. T. Hopkins

1897–1981

43

42

41. Un o dyddynnod y Mynydd Bach.

42. Manylyn o Gofeb y Beirdd ar y Mynydd Bach.

43. B. T. Hopkins.

44

44.   Teulu'r Hopkinsiaid o flaen Bryn Seir, Lledrod. O'r chwith i'r dde y mae tad B. T. Hopkins, sef Ifan Hopkins, ei lys-fam Lisa Hopkins, a'i hanner brawd Ifan Defi Hopkins. Bryn Seir oedd cartref y teulu ar derfyn y ganrif ddiwethaf.

'Ganwyd ef yn ardal Lledrod, ond oherwydd i'w fam farw pan oedd yn ifanc iawn, cymerwyd ef gan ei fodryb i'w fagu yn ei chartref hi a'i gŵr, Dafydd Jones, Triael, Blaenafon, a saif ar lan afon Aeron. Yno y bu hyd nes iddo briodi ag unig ferch Brynwichell yn ymyl a mynd yno i fyw at y wraig.'

Evan Jones, *Y Mynydd Bach a Bro Eiddwen.*

45.   Llun o ffermdy'r Triael, lle magwyd B. T. Hopkins. Yng nghanol y llun y mae Greta Jones, y wraig a fagodd y bardd yn blentyn. Bellach mae'r Triael yn adfail a saif nid nepell o ffermdy Brynwichell lle treuliodd y bardd y rhan fwyaf o'i oes.

Ymweliadau â'r Triael, yn ôl E. Prosser Rhys:

'Bryd arall, cyfarfyddem yn ei gartref ef a chawn groeso tywysog yno bob tro y deuwn ar gyfyl y lle. Ni ellid cyfarfod pobl garedicach nag ewythr a modryb B. T. Hopkins. Nid wyf wedi anghofio'r bwrdd bach crwn yng nghegin y Triael a hulid mor ardderchog. Nid rhaid imi ddywedyd inni gael sgyrsiau lawer gyda'n gilydd ill dau, yn enwedig am farddoniaeth gyfoes. Bu ei gymdeithas, nid yn unig yn solas yn nyddiau gwendid, mewn rhanbarth unig, eithr hefyd yn gyfrwng i'm goleuo a minio fy neall. Mynych y soniodd am y fantais a fûm i iddo ef; y mae'n hollol sicr y bu ei gwmni ef yn llawn cymaint o fantais ymhob ystyr i minnau.'

Dyfynnir gan J. M. Edwards yn 'E. Prosser Rhys', *Y Crefftwyr ac Ysgrifau Eraill.*

45

46

46. Fferm y Triael. Bu B. T. Hopkins yn byw yno wedi i'w fam farw ychydig ar ôl ei eni. Yno yr oedd Dafydd a Greta Jones yn byw.

47

48

ODLAU HIRAETH

AR OL

· · CATHERINE, · ·

ANWYL BRIOD WILLIAM JONES, 52, COLDERSHAW ROAD, WEST EALING,

LLUNDAIN,

Yr hon a hunodd yn yr Iesu pan ar y ffordd i Gapel Ealing, Sabbath, Medi 20, 1914,

YN 45 MLWYDD OED.

Hawdd i'r dagrau gloewon lifo
  Yn gawodydd dros ein gwedd,
Pan y bo'r meddyliau'n crwydro
  Mewn adgofion tua'r bedd
Lle rhaed anwyl un i orwedd—
  Mae'r teimladau'n myn'd yn rhydd
Pan â hiraeth mewn unigedd
  Tua'r fynwent ddistaw brudd.

Gatrin anwyl ! hawdd i ninau
  Ydyw wylo uwch ei bedd ;
Aeth yn dawel drwy gysgodau
  Oer y glyn i wlad yr hedd ;
'Hedodd fry i ddwyfol fwynder
  Uwch y byd a'i siomiant ffol,
Ac am hir bydd adgof tyner
  Yma'n wylo ar ei hol.

Daeth yr awr heb inni dybied—
  Awr dyfodiad Mab y Dyn,
Pan y ca'dd ei hyspryd fyned
  Fry i'r gwynfyd ato'i Hun.
Pwy ddychmyga'r modd daw angau ?
  Fwy a wyr ei ddydd a'i awr ?
Crina oerwynt ei gysgodau
  Undeb holl gartrefi'r llawr.

Ar ei ffordd i'r gynulleidfa
  Ar y llawr, fe ddaeth y wŷs
I'w hymofyn i'r gymanfa
  Ddisglaer yn y nefol lŷs,
'R oedd lledneisrwydd yn ei hysbryd,
  A gwyleidd-dra yn ei phryd,
Ac ar hyd rhodfeyd ei bywyd
  Tyfodd blodau gwyn i gyd.

Triael.

Cariad pur oedd yn ei mynwes
  Yn llewyrchu'n oleu fflam,
Bu yn hedd yr aelwyd gynes
  Yn anwylaf dyner fam,
Yn nhawelaf hud y cartref
  Bu'n ymgeledd gymwys iawn ;
Gofal ffyddlon yn ei dangnef
  A nodweddai'i heinioes lawn.

Trwy ei hoes fe fu yn ffyddlon
  Yn nyledswydd hardd y gwir,
Ac o hyd fe r'odd ei chalon
  I wasanaethu'r da a'r pur,
Fam rinweddol ! bu'n ymroddi
  Dwyn ei phlant i rodio ar hyd
Llwybrau gwynion y goleuni,—
  Llwybrau bri a rhinwedd drud.

Gwag am hir i deimlad calon
  Fydd yr aelwyd lawn o hedd ;
Hiraeth pur rydd ddagrau gloewon
  Megys gwlith a'r flodau'r bedd.
Briod ac anwyliaid tyner,
  Gwyddoch chwi mor anhawdd yw
Puddaidd sylweddolir gwagder
  Sydd yn nghylch y cartref gwiw.

Gatrin hoff ! O gorphwys bellach
  Yn nhawelwch "erw Duw,"
Nes y gwawrio'r dydd disgleiriach
  Pan gyfodo'r marw'n fyw.
Ac ni thorwn ar unigedd
  Dy orweddfan, ond pan fo
Teimlad hiraeth, mewn edmygedd,
  Am roi deigryn ar y gro.

B. T. HOPKINS EI NAI.

47.   Ysgol Tanygarreg, Blaenpennal, lle bu Ben Hopkins yn ddisgybl o 5 hyd at 14 oed.

48.   Un o gerddi cynnar B. T. Hopkins, a luniwyd ym mis Medi 1914, pan oedd tua 16 oed. Marwnad ydyw i'w fodryb Catherine Jones.

49.   Cadair a enillodd Ben Hopkins yn Eisteddfod capel y Methodistiaid, Jezreel, Goginan, ym 1925.

49

50a

Cyflwynedig

I fy Annwyl Gariad

Yn un-ar-hugain oed
— ... — ... —

' Blessed is he who has won a true
woman, whose beauty of body and
soul shall lead him on to the
goal of divine love which has
its end in God "
— ... ... —

50b

Rwy'n cofio y nos yr edrychaist
Yn f'wyneb yn fud ac yn syn
Rwy'n cofio y geiriau a ddwedaist
A'th freichiau am danaf yn dyn

Rwy'n cofio dy enaid o ddifri
Rwy'n cofio addfwynder dy-bryd,
Pan oedd dy deimladau'n ymdorri
I maes yn anwyldeb i gyd

Fe'th gerais yn gynnar, f'anwylyd
Fe'th garaf yn fwyfwy o hyd
Tydi ydyw cysur fy mywyd,
A gobaith fy oes yn y byd

Hyd fedd yr anwylwn ein gilydd
A'n dyddiau yn ddedwydd a phur,
Yng nghwlwm y cariad tragywydd
A bery o hyd fel y dur.

Ti gofi am hwyr ein cyfrinach
Ti wyddost y cyfan i gyd,
Beth mwy sydd i ni yn felysach
Na'r bywyd sy'n gariad o hyd!

50a/b.   Rhan o gerdd hir gan B. T. Hopkins i Jên Ann, ei wraig, pan
oedd hi'n un ar hugain oed.

51

52

51.   Y gadair a enillodd Ben Hopkins yn Eisteddfod Fawr Aberaeron, ym mis Awst, 1927.

52.   Y gadair a enillodd B. T. Hopkins yn Eisteddfod Carmel ym 1933. Saif y gadair heddiw yn festri capel Blaenpennal.

53.   Y goron a enillodd Ben Hopkins yn Eisteddfod y Berth, 12 Chwefror, 1937.
Ger Tregaron yr oedd capel y Berth.

53

54.   Ffermdy Brynwichell lle bu'n ffermio ar ôl priodi ym 1937 nes iddo ymddeol ym 1964. Gwelodd cegin a pharlwr Brynwichell lawer awr o seiadu ar lenyddiaeth, barddoniaeth a'r 'pethe' rhwng Ben Hopkins a'i gyfaill mawr J. M. Edwards yn ystod blynyddoedd olaf eu hoes. Mab B. T. Hopkins, Emyr, a etifeddodd y ffermdy ar ôl i'w dad roi'r gorau i ffermio.

54

55

```
    LED-LED CYMRU
    Ein Pobl A'n Pethau.

Nid wyf yn cofio imi fod mewn gwledd briodas
ers blynyddoedd hyd ddydd Gwener yr wythnos
ddiwethaf, ac yr oedd yn llawen iawn gennyf
gael bod yn honno, canys gwledd briodas un
 o'r cyfeillion llenyddol hynaf ydoedd, sef
yr eiddo Mr. B.T.Hopkins, Blaenpennal. Priododd
un o rianedd hawddgar ei fro, merch un o'r
ffermydd agosaf at ei ffarm ei hun, ac fe'i
priodwyd hefyd yn ei fro, sef yng nghapel
Methodistiaid Calfinaidd Blaenpennal,-ardal
nad yw ymhell o Dregaron. Nid i'r pâr ifanc
y mae'r clod i gyd am ddarfod eu priodi yn eu
hardal enedigol; credaf fod gan esgob hynaws
yr holl ranbarth hwn, sef y pregethwr enwog,
y Parch Dan Jones, Tregaron, hefyd ran yn y
peth. Y Parch Dan Jones a'r Parch J.Ellis
Williams, Llanddewi Brefi, a weinyddodd y
seremoni yng ngwyddfod tyrfa fawr o'r ardalwyr,
a oedd yn adnabod y ddau a unid o'u babandod.
Yr oedd yn hen arfaeth gan B.T.Hopkins briodi,
a phriodi yn mis Mehefin hefyd. Gŵr pwyllog
yw ef; nid mynych y gwelir ef yn brysio. Ond
daeth i ddwy arfaeth, fel ei holl arfaethau
 eraill, i ben o'r diwedd, a chyrhaeddodd
dref Aberystwyth i'r wledd briodas ar fore
perffaith ym Mehefin, ac ôl y cafodydd conffeti
yn drwm arno.
    Wrth gynnig llwncdestun y ddau a unid ni
allwn i ymatal rhag adrodd rhai atgofion wrth
y cynulliad llawen a deallus oedd yn bresennol,
ond wedi eistedd i lawr, ar ôl bod braidd yn
fwy hirwyntog nag arfer, sylweddolais nad
oeddwn wedi dywedyd llawer o bethau y mynaswn
eu dywedyd y bore hwnnw o gael y cyfle i
ddywedyd dim o gwbl. Rhyw un-ar-bymtheg oed
oeddwn i pan gyfarfûm B.T.Hopkins gyntaf, ac
ni thybiaf ei fod yntau'n llawer mwy nag ugain.
Yr oedd ein carteri y pryd hynny am y mynydd
a'i gilydd, a chlywswn amdano fel yn a fuasai
bron ag ennill cadair. Yr oeddwn innau yr adeg
honno yn cystadlu llawer am gadeiriau; nid
oedd gan lanc nychlyd lawer o ddim arall i'w
```

55.   Rhan o lith o deipiadur Prosser Rhys ym 1937, a ymddangosodd yn ei golofn bersonol wythnosol, sef 'Led-led Cymru' yn *Y Faner*. Mae'r darn cyfan yn disgrifio gwledd briodas ei gyfaill mawr B. T. Hopkins a Jane Ann Phillips ar 25 Mehefin o'r flwyddyn honno yng nghapel Blaenpennal.

56.   Soned gan Prosser Rhys ar achlysur priodas B. T. Hopkins ym Mehefin 1937.

56

```
            I B. T. H.

    ( Ar ei briodas Meh. 25ain 1937)


Daeth Serch, a'i lithio yntau, yn ei dro:
    Ffilosoffi a llen nis cadwodd draw,
Na thrymwaith arddu garw esgeiriau'i fro,
    Na chyfri'i braidd yn strem y gwynt a'r glaw.
Fe wybu yntau'r pêr anghofrwydd llwyr
    Yng nghwmni'r ferch a fynnai'n fwy na'r un.
Ni fynnai frysio.....onid pell yr hwyr
    A pherffaith y gyfathrach befr ei hun?
Ond gwelodd yntau, wedi'r oedi maith
    Nad ydyw Serch ond teg blanhigyn brau
Heb fodd i dyfu na chartrefu chwaith
    Hyd oni wreiddio yng nghyd-fywyd dau.
Heddiw fe blannwyd Serch y fun a'i bardd.
Boed dda ei ddaear; boed ei flodau'n hardd.


                        E.P.R.
```

57

58

57. Priodas Ben a Jane Ann, Mehefin 1937, yng nghapel Blaenpennal.

58. B.T. a Jane Ann a'u meibion: Emyr ar y chwith, ac Eilian, yr ail fab, yn sefyll rhwng ei dad a'i fam.

59

60

61

59.   B.T. a Jane Ann yn siopa, ar wibdaith i'r Rhyl, tua diwedd y pedwardegau.

60.   John Phillips, tad Jane Ann, Emyr Edwards a Jane Ann Hopkins, y tu allan i fferm Brynwichell, 1960.

61.   John Phillips, ffermwr, tad Jane Ann Hopkins. Llun a dynnwyd ym 1960.

Cwrdd y Tri Beirniad
gan Caradog Prichard

Pryd cawn ni eto gwrdd ein tri,
Pan fo'n fellt a tharanau a'r glaw yn lli.

'Pan gefais yr anrhydedd o'm dewis yn un o dri beirniad y Goron yn Eisteddfod Genedlaethol Caerdydd, y pryder cyntaf a groesodd fy meddwl ydoedd: Sut y dof i 'mlaen â'm dau gydfeirniad? Y cysur cyntaf a gefais i dawelu f'ofnau oedd mai dau Gardi oeddynt, ac mi wyddwn o brofiad blaenorol hefyd fod y ddau, sef Mr Tom Hughes Jones, yn athro dawnus a dysgedig o'r Coleg Hyfforddi, Wrecsam, a Mr Ben T. Hopkins, y ffermwr-fardd mwyn o Flaenpennal, ymhlith yr hoffusaf o'm lliaws cyfeillion sydd a'u gwreiddiau'n ddwfn yn y sir ryfeddol hon.

Pan gwrddasom fel cyd-feirniaid am y tro cyntaf ar Faes y Steddfod yng Nghaernarfon y llynedd, bu hwyl a chwerthin mawr fod tri mor gymysgryw wedi eu tynnu at ei gilydd yn rhwymau Beirniadaeth Eisteddfodol. Ac mi welais innau ar unwaith, hyd yn oed pe byddai anghytuno rhyngom, mai cytuno i anghytuno'n llawen a wnaem. Fel y digwyddodd, ni bu unrhyw achos i ofni ar y pwynt hwnnw.

Yn ystod fy arhosiad ym Mrynwichell, mi gefais wedd newydd ar y ffermwr-fardd. Nid y telpyn hamddenol, araf ei barabl, a welswn ar faes y Steddfod, oedd yma mwy. O nage! Yr oedd Meistr Brynwichell nid yn unig yn fardd (a'i aml gadeiriau'n addurno'r cartref) ac yn ffermwr. Yr oedd hefyd yn glerc fferm ac yn feistr ffurflenni, yn glerc y Cyngor Plwyf, yn flaenor ac arweinydd y gân, yn ddoctor anifeiliaid, yn saer ac yn fasiwn, yn fecanydd tractoriaid, ac ar ben y cwbl yn westai i feirdd a gweinidogion. A rhyfeddod parhaus i mi fu ei weld ef a Mrs Hopkins yn cyflawni gorchwylion y dydd ar y fferm ac yn parhau nid yn unig yn fyw, ond yn siriol ar ddiwedd y dydd.'

Caradog Prichard yn disgrifio ei ymweliad â fferm Brynwichell adeg cyd-feirniadu â B. T. Hopkins a T. Hughes Jones ar y bryddest yn Eisteddfod Genedlaethol Caerdydd ym 1960. Ymddangosodd yr erthygl yng nghylchgrawn *Cymdeithas Ceredigion Llundain* ym 1960.

62. Caradog Prichard, cyd-feirniad â B. T. Hopkins yn Eisteddfod Genedlaethol Caerdydd ym 1960.

62

63

64

Cyfarchion twymgalon i Mr. a Mrs. B. T. Hopkins
Brynwichell, Blaenpennal ar ddathlu eu Priodas Arian
dydd Llun, Mehefin 25ain, 1962.

        Fe ddaeth tro cofio'r cyfan, - awr i fardd
            Gofio'r fun serchoglan;
        'D oedd fawr lun byw ei hunan,
            Benja'n wir, heb un Jen Ann!

        Hithau, er dydd y neithior, - ni Bu byw
            Heb ei'Ben' am dymor,-
        Chwim ei cham, a'i iach hiwmor
        Hi heb daw pan ddaw drwy'r ddôr.

        Troesant o'u melrawd i wlad diadell
        Hyd rwn eu breuddwyd i drin y briddell,
        A brwd eu cam, ni bu raid eu cymell
        'N ôl at eu pobol i drefnu pabell.
        A'u cywion ddaeth o'r cawell - yn ofnus
        I lwybro'n iachus at wâl Brynwichell.

        Mae'n gyfnod go faith weithian, - tŵ eu rhawd
            Chwarter oes yn gyfan.
        A daw o'u hedd di-wahân
        Siriol Briodas Arian.

Ffair Rhos   David Jones.

63.   Cerdd gan y Prifardd Dafydd Jones, Ffair Rhos, i gyfarch Mr a
Mrs B. T. Hopkins ar ddathlu eu Priodas Arian ym 1962.

64.   B. T. Hopkins gyda'r ceffyl gwedd.

65.   Llyn Fanod.

65

I B. T. Hopkins

Un treigl digyffro yw dy ddyddiau di,
A lif yn esmwyth i'th flynyddoedd llawn
O nwyd a chyfoeth prin y bywyd sy
A'i wreiddiau yn y pridd yn beraidd iawn.
Ti wyddost oddi wrth awch gaeafwynt blin
Ac iasau brwd y gwanwyn dan dy draed;
A phan ddêl hydref eilwaith sugni rin
Holl odidowgrwydd daear hen i'th waed.

Tra pery mewn awelon boen a ffresni,
A than y cwysi coch bŵerau cudd;
A thra bo'n eiddot erwau maith eu glesni
Ac aelwyd fwyn, ddirodres derfyn dydd,
Ni'th flinir gan y byd a'i dwrf a'i straen –
Erys dy fywyd yn ogoniant plaen.

Soned i'w gyfaill B. T. Hopkins gan J. M. Edwards.

Gwahoddiad
(J. M. a Tydfil, ei wraig, o'r Barri)

Hyfryd eich cofio yn troi i'n bröydd
O fwg Morgannwg i dramwy'r gweunydd
Ar lethrau hyd lannau'r Fanod lonydd –
Mannau o fwyniant rhwng mân afonydd;
Eich dau, pan ddaw tecach dydd – dewch eto
O'r dre i droedio ar dir ehedydd.

Cerdd i wahodd ei hen gyfaill J. M. Edwards a'i wraig
Tydfil o'r Barri i'r hen gynefin.
O'r gyfrol *Rhos Helyg a Cherddi Eraill*.

66

66. Y bardd ar fuarth fferm Brynwichell, yn gynnar yn y chwedegau.

67. Ei fab, Emyr, yno yn y saithdegau.

67

Dafydd Jones

Hawddgaraf fardd y Goron – o Ffair Rhos,
    Y ffrind cywir-galon;
    Gwladwr trwyadl a rhadlon
    Un o frid enwog Ty'n Fron.

I hen glawdd canodd yn glir – a chywrain
    Uwch erwau'r ucheldir;
    Drwy Gymru o'r bron fe sonnir
    Am awen hoff 'Y Maen Hir'.

Anrhydedd mawr i eidion – yw estyn
    Ei glust i'r fath wron;
    Mae ein lloi'n ymgrymu'n llon
    I'r gŵr a aeth â'r Goron.

Cerdd a luniwyd gan B. T. Hopkins i longyfarth ei gyfaill, Dafydd Jones, Ffair Rhos, ar achlysur ennill coron yr Eisteddfod Genedlaethol yn Aberafan, 1966.

68. Dafydd Jones, Ffair Rhos, yn ennill y goron yn Eisteddfod Genedlaethol Aberafan, 1966, am ei bryddest 'Y Clawdd'.

69. Diweddglo beirniadaeth B. T. Hopkins at gystadleuaeth yr Englyn, ar y testun 'Map', yn Eisteddfod Genedlaethol Y Barri a'r Fro, ym 1968.

70. B. T. Hopkins yn bresennol i feirniadu'r Englyn, ar y testun 'Map', yn Eisteddfod Genedlaethol Y Barri, 1968.

71. B. T. Hopkins mewn cyfarfod teyrnged iddo a gynhaliwyd ym 1969, gan Lyfrgell y Sir, Aberteifi. Ar y chwith gwelir Alun R. Edwards, a Jane Ann Hopkins, gwraig y bardd, yn ei ymyl.

68

70

69

Erys un eto i sylwi arno, sef **Pererin** (3). Englyn syml, braidd yn wan ei linell gyntaf, eithr y mae tinc delynegol hyfryd yn ei ddiwedd. Y syniad sydd gan y bardd yw ei fod yn defnyddio'r map wrth deithio o fan i fan, ond na fedr ei ddefnyddio wrth fynd ar ei daith olaf :

> Ond ynddo chwilio ni chaf,
> Yn niwl y siwrnai olaf.

Y mae'r englyn hwn o'r dechrau, yn dal i apelio yn fwy na'r lleill, ac felly, rhaid cyhoeddi mai ef yw'r englyn buddugol yn Eisteddfod Genedlaethol y Barri a'r Fro, 1968.

Yr Englyn

MAP

Yn hwn o hyd chwilio a wnaf—ar fy hynt
Am ryw fan a geisiaf ;
Ond ynddo chwilio ni chaf,
Yn niwl y siwrnai olaf.

Pererin

71

72

73a

73b

73c

72.   Capel Blaenafon, lle bu
B. T. Hopkins yn flaenor ac yn
ysgrifennydd. Saif y capel y drws
nesaf i fwthyn Maes-y-Wawr lle
treuliodd ef a'i wraig
flynyddoedd hapus wedi iddo
roi'r gorau i ffermio.

73a/b/c.   B. T. Hopkins yn
mynychu Sul y Cymun yng
nghapel Blaenafon ym 1976 dan
arweiniad y bugail, y Parch.
Wyn Edwards.

74

75

76

77.   Teulu B. T. Hopkins. Yn y cefn, Aled, ŵyr y bardd; yn y blaen, Dilwen, merch-yng-nghyfraith y bardd, Eleri, wyres y bardd, ac Emyr, mab y bardd.

78.   O'r chwith i'r dde: Jane Ann, gwraig B. T. Hopkins, Catherine, merch-yng-nghyfraith J. M. Edwards, Emyr, mab J. M. Edwards, ac Enyd Morris, y tu allan i Faes-y-Wawr, cartref B. T. a'i wraig ym Mlaenpennal.

74.   Maes-y-Wawr, y bwthyn lle treuliodd Ben Hopkins ei ddyddiau olaf.

75.   Pedair cenhedlaeth: yn y cefn, Emyr, mab B. T. Hopkins; yn y blaen, o'r chwith i'r dde: Jane Ann, Aled, mab Emyr ac ŵyr B.T. a Jane Ann, a John Phillips, tad-yng-nghyfraith y bardd.

76.   Diwrnod bedyddio Eleri, merch Emyr Hopkins. Yn y canol yn y cefn mae B. T., a'r ail o'r dde yw Jane Ann, ei briod.

77

78

79

Annerch I J. Roderick Rees

Sut hwyl, frawd? A yw awdur – awenus
   'Ffynhonnau' mewn cysur?
   A yw'r bardd sy' â dawn mor bur
   Yn dda'i hwyl wedi'i ddolur?

A oes hoen wedi'r poenau – i ŵr sydd
   Mor sicr ei linellau?
   A yw'r anadl a'r ffroenau
   Yn rhugl 'nawr, wedi'r glanhau?

Heddwch i fardd y tyddyn – tawelaf
   Rhwng tyle a cherrynt;
   Doed asbri'r hen gerddi gynt
   I'r gloyw ŵr o 'Giloerwynt'.

                                Tachwedd, 1968.

Cerdd annerch gan B. T. Hopkins i'r Prifardd J. Roderick Rees,
cymydog a chyfaill agos iddo ar y Mynydd Bach. O'r gyfrol *Detholiad
o Gerddi B. T. Hopkins*.

Emyn Priodas

O! Ysbryd tragywydd y creu
Sy'n llunio holl fywyd yr oesoedd,
Fe'th folwn am serch sy'n dyheu
Am uno yn llawen deuluoedd;
    O! tyred i lawr
A rho inni brofi o'r newydd yn awr
    Mai braint yw cyd-fyw
Yng ngwynfyd y Cariad sy'n llifo o Dduw.

Tydi sy'n dwyn Gwanwyn mewn pryd
I liwio y meysydd yn wyrddlas,
O! dyro Dy fendith o hyd
Ar sacrament ddwys y briodas;
    O! arwain y ddau
Ar antur fawr bywyd i gyd-lawenhau
    Beth bynnag fo'r hin;
Yn heddwch eu haelwyd, tro'r dŵr eto'n win.

Emyn o eiddo B. T. Hopkins a enillodd wobr iddo
yn Eisteddfod Llanbedr-Pont-Steffan ym 1972.
Alun Cilie oedd y beirniad.

Mynnodd merch y Mynydd Mawr
Loywaf yrfa lafurfawr;
O blaid ei Phlaid mae yn fflam
O dân, i'w herwau dinam
Ni fyn wahodd eofn haid
O ryw anwar estroniaid.

Gweld Gwynfor yn blaenori
Yn ein tir, dyna'i nod hi,
A noddi hen wareiddiad
A fu'n glwm wrth 'gefen gwlad'.

Ym mrwydyr bybyr ei byw
Nodedig o frwd ydyw;
Enaid dewr a anturia
Yn daer dros y 'doniau da';
Aros o hyd heb oeri
Fo'r tân sy'n ei hanian hi,
Ferch ddyfal sy'n dal fel dur;
Hir oes i un mor brysur!
Beth gwell a fyn hi bellach
Na 'mroi i fyw dros Gymru fach?

Rhan o gywydd B. T. Hopkins i Cassie Davies, o'r
gyfrol *Cerddi '77*; golygydd: W. Rhys Nicholas,
1977.

79.   Y Prifardd J. Roderick Rees.

80.   Cassie Davies, awdures yr hunangofiant *Hwb
i'r Galon*.

80

81

82

81.   Daear y dwylo diwyd.

82.   B. T. Hopkins yn ennill y gystadleuaeth llunio emyn yn Eisteddfod Llanbedr ym 1973. Saif Edwin Jones, brawd T. Llew Jones, ar y dde.

Cerddi Ddoe a Heddiw
(J. M. Edwards)

Y bardd angerddol, aml ei gyfrolau,
Myfyriodd, treiddiodd i fyd dirweddau
Oni ffrydiodd y dwys gyffroadau
Yn lli o rymus, bleserus eiriau;
Pa ryw hoen sydd yn parhau – mewn bardd ffraeth
Mawr ei ddewiniaeth, amryw ei ddoniau!

Cerdd B. T. Hopkins ar achlysur cyhoeddi cyfrol ei gyfaill J. M. Edwards o farddoniaeth, *Cerddi Ddoe a Heddiw*, ym 1975.

83.   Urddo Ben Hopkins i'r wisg wen yng Ngorsedd y Beirdd yn Eisteddfod Genedlaethol Aberteifi ym 1976. Yr Archdderwydd ar y pryd oedd R. Bryn Williams.

83

84

Rhos Helyg

Lle bu gardd, lle bu harddwch,
Gwelaf lain â'i drain yn drwch,
A garw a brwynog weryd,
Heb ei âr, a heb ei ŷd.

A thristwch ddaeth i'r rhostir –
Difrifwch i'w harddwch hir;
Ei wisgo â brwyn a hesg brau,
Neu wyllt grinwellt y grynnau,
Darnio ei hardd, gadarn ynn,
A difetha'i glyd fwthyn!

Rhos Helyg, heb wres aelwyd!
Heb faes ir, ond lleindir llwyd,
A gwelw waun, unig lonydd,
Heb sawr y gwair, heb si'r gwŷdd.

Eto hardd wyt ti o hyd
A'th oer a diffrwyth weryd;
Mae'n dy laith a diffaith dir
Hyfrydwch nas difrodir –

Si dy nant ar ddistaw nos,
A dwfn osteg dy hafnos;
Aml liwiau'r gwamal ewyn,
Neu lwyd gors dan flodau gwyn,
A'r mwynder hwnnw a erys
Yn nhir llwm y mawn a'r llus.

O'th fro noeth, a'th firain hwyr,
O'th druan egwan fagwyr,
O'th lyn, a'th redyn, a'th rug,
Eilwaith mi gaf, Ros Helyg,
Ddiddanwch dy harddwch hen
Mewn niwl, neu storm, neu heulwen.

Eto, mi glywaf ateb
Y grisial li o'r gors wleb
I gŵyn y galon a gâr
Hedd diddiwedd dy ddaear.

Am y gerdd 'Rhos Helyg' y cofir B. T.
Hopkins yn bennaf, cerdd a dyfodd yn
destun edmygedd mawr ymhlith ei
gyd-feirdd, ac ymhlith caredigion
barddoniaeth yng Nghymru.

84. Rhos Helyg.

Cyfansoddais y cywydd 'nôl tua dechrau'r tridegau. Nid yn sydyn y tyfodd. Bûm wrthi, yn wir, am rai misoedd yn llunio ambell linell, a'u clymu'n gwpled a chwpled wrth ei gilydd. Yna, wedi gorffen y gwaith euthum ag ef i'w ddangos i Prosser Rhys. 'Roedd fy nghalon yn curo gan bryder. Gobeithio, gobeithio y byddai Prosser yn ei ystyried yn ddigon da i'w gyhoeddi yn *Y Faner*!

Ei roi yn llaw fy nghyfaill. Yntau yn ei ddarllen. Synnais ei glywed yn dweud wrthyf ei fod yn gywydd arbennig. Pan welais Prosser y tro wedyn, dywedodd fod llawer wedi datgan wrtho eu hedmygedd o'r cywydd. A minnau heb erioed freuddwydio y byddai'n dod mor boblogaidd. Bellach, er mawr syndod i mi, gwelaf fod amryw o Gymry wedi rhoi'r enw '*Rhos Helyg*' ar eu tai.

B. T. Hopkins yn trafod cefndir llunio'r cywydd 'Rhos Helyg', yn y gyfres 'Dyma fel y daeth . . .' yn *Y Faner* ym Mehefin 1979.

85

86

Alun Cilie

Nid sgrap yw'r soned sydd yn sôn am sgrap,
　　Os aeth y gêr o'r cartws ac o'r stabl,
Os aeth y ceirti oll, a'r gambo a'r trap
　　O'r lôn ymhell, mae'r cynganeddwr abl
Yn dal i ganu'i gân ac ymhyfrydu
　　Fel gwir awenydd o ddihafal ddawn
Uwchben yr hen gyfaredd yng Nghwmtydu
　　A chaeau'r Cilie, gyda'u cnydau llawn;
Collwyd partneriaid y gymdeithas glòs,
　　Mae'r 'Clydesdales' gwarrog wedi mynd ers tro;
Mae'r pwdl fu'n dwt ei din, a'r carwr Moss
　　Bellach yn ddigon tawel yn y gro.
Ond boed i'r prydydd, fel hen geffyl gwaith,
Gael hoe yn hir ar dalar ola'r daith.

Soned B. T. Hopkins i Alun Cilie, o'r gyfrol
Rhos Helyg a Cherddi Eraill.

85.　Alun Cilie.

86.　Y Prifardd Dic Jones.

Dic Jones

Boi llon gyda phibell hardd
Ar ei wefus yw'r prifardd;
Am gân drom neu ddarn comic
Un medrus, dawnus yw Dic.

Trylwyr grefftwr ei helem,
Ei awdl glir yn wir sy'n em.
Fe gofir yn hir am hon –
Glasur y caeau gleision.

Cerdd fechan B. T. Hopkins i'r Prifardd Dic Jones.

87

Rhos Helyg a cherddi eraill
Ben T Hopkins

88a

CYFARFOD ARBENNIG

i

ddathlu cyhoeddi

"RHOS HELYG A CHERDDI ERAILL"

ac i dalu teyrnged i

B. T. HOPKINS

Nos Iau, 28ain Ebrill, 1977

yn

Ysgol Tanygarreg, Blaenpennal

am 7.30 o'r gloch.

- - - -

Cadeirydd: Mr. Alun Creunant Davies.

88b

R H A G L E N

1. Plant Ysgol Gynradd Tanygarreg yn adrodd
   "Ein Tir" (B.T. HOPKINS).

2. Mr. James Nicholas - Teyrnged.

3. Mrs. Mair Davies yn adrodd rhai o englynion
   J. RODERICK REES.

4. Mr. Herbert Morris - Teyrnged.

5. Mrs. Megan Evans yn adrodd "Rhos Helyg"
   (B.T. HOPKINS).

6. Mrs. Marie James - Teyrnged.

7. Merched y Wawr Bronnant yn canu penillion
   cyfarch gan Beti Griffiths.

8. Mr. J. M. Edwards - teyrnged.

9. Mrs. Mary Parry yn darllen detholiad o
   waith B.T. HOPKINS.

10. Cyfarchion beirdd Ceredigion.

11. Teyrnged a diolch - Parch Wyn Edwards.

87. *Rhos Helyg a Cherddi Eraill.*

88a/b. Rhaglen y cyfarfod teyrnged a gynhaliwyd ar achlysur cyhoeddi *Rhos Helyg a Cherddi Eraill* gan B. T. Hopkins, yn Ysgol Tanygarreg, 28 Ebrill, 1977.

> Os yr hen amser a aeth,
> Mwyn yw ein hoff gwmnïaeth;
> Oes heddiw rhag briw mewn bron
> Le'n hafal i Flaenafon?
> Mae'n hedd byd y Mynydd Bach
> Allwedd i fywyd holliach!
> Yn hedd grwn, mynydd a grug
> Erys hwyl yn Rhos Helyg.
>
> Caed prydydd y cywydd cain
> Ragor na'i bedwar ugain,
> Yn wir lu, rhagor lawer
> Eto i byncio mor bêr;
> Mwyniant, pe ffawd a'i mynnai
> Nes disgyn clogyn y clai.
> Yn hir iawn bydd ar ei ôl
> Fyw ei eiriau anfarwol;
> Lleisiau di-daw yr awen
> Gyhoedda byth gywydd Ben.

Diweddglo cywydd teyrnged J. M. Edwards i B. T. Hopkins
yn ysgol Tanygarreg, 28 Ebrill, 1977.

J. M. Edwards

Y dwys ŵr yn lludw sydd – er ei ddawn
,I farddoni'n gelfydd;
Bu'n creu'n angerddol beunydd,
Ein hoff fardd cadarn ei ffydd.

Aeth yr hiwmor a'r stori – o'r aelwyd,
Aeth yr hwyl a'r miri:
Aeth câr y brith aceri,
Ffriddoedd a llynnoedd a lli.

Sïa Wyre is irwydd – yn ei chwm
Heb ei choeth awenydd:
I'w hynt ym mro y nentydd
Ni ddaw yn llawen ei ddydd.

Bardd gwefreiddiol gwlad Iolo – a'i afiaith
Mewn dyfal fyfyrio;
Fe ddaeth rhyfedd hedd iddo.
O'r wefr hen sy'n nhir y Fro.

Yn ei hoen daeth i'n heniaith – ag urddas
Ei gerddi a'i ryddiaith:
Gŵr o hoffter at grefftwaith
Yn troi'n un o feistri'n hiaith.

Enwog brydydd 'Peiriannau' – a'n hudodd
Â'i gadarn ddelweddau:
Enaid swil yn ein dwysáu
Â'i ddylif o feddyliau.

Cerdd goffa gan B. T. Hopkins i'w gyfaill mawr
J. M. Edwards, o'r gyfrol *Detholiad o Gerddi B. T. Hopkins*.

89. Achlysur darlledu 'Hawl i Holi' o Ysgol Tanygarreg ym 1979. Y mae B. T. Hopkins yn eistedd ar dde eithaf y rhes ganol. Yn yr un rhes y mae'r panel, sef Meri Jones, Cyril Hughes a Dewi Davies, gyda'r holwr, R. Alun Ifans, yn eu hymyl.

90. Gwobrwyo B. T. Hopkins ym 1980 am ei wasanaeth fel ysgrifennydd y Cyngor Plwyf am ddeugain mlynedd. Yn y llun gwelir B. T. Hopkins a Herbert Morris, cadeirydd y Cyngor Plwyf.

B.T.H. yn 77

Y bardd syml ei beraidd sain, – â'i aing hen
  Gwna gynghanedd gywrain;
  Caed prydydd y cywydd cain
  Ragor na'i bedwar ugain.

Englyn gan J. M. Edwards i Ben Hopkins. Yr oedd unrhyw achlysur yn achos i'r ddau englyna a chywydda i'w gilydd. O'r gyfrol *Cerddi'r Daith*.

91. Ymddangosodd y llun hwn o'r bardd gydag erthygl gan Tom MacDonald amdano yn y *Western Mail* ar ddechrau'r wythdegau.

91

I B. T. Hopkins yn 80 oed

Hiraethodd Ceiriog lawer
Am hedd y mynydd glân
A rhoddodd ddagrau alltud
Yn ei wefreiddiol gân.

Arhosodd bardd Rhos Helyg
Ar gyntedd Mynydd Bach
I ffroeni gwynt y fawnog
A byw hyd henaint iach.

A dyma fe eleni
Yn bedwar ugain sionc;
Ei gorff fel ei gynghanedd
Sydd eto'n llawn o sbonc.

Daliodd i lanw pulpud
Capeli'r llwybrau glas,
Etifedd hen draddodiad
Yr anghydffurfiol dras.

Gwelodd yr hen dyddynwyr
Yn cilio, un ac un;
Llonyddwch y murddunod
Lle bu prysurdeb dyn.

Ac yn ei gywydd enwog
Rhoes dragwyddoldeb gair
I'r gwacter lle bu'r gwynfyd,
Y gwylltir lle bu'r gwair.

Crisialodd yn ei gyfrol
Ffrwyth ei fyfyrdod hir,
Profiadau cwrdd a steddfod
Doethineb bywyd tir.

Hiwmorydd ymrysonau
Y beirdd, a'i lais fel cloch,
Ac weithiau'n pasio'r sensor
Â'i ddiarhebion coch!

Ffermwr, ac eto nid ffermio
Ei elfen yn y gwraidd;
Athroniaeth, diwinyddiaeth,
Nid twf y ceirch a'r haidd.

Bu'n ffodus yn ei gymar,
Cadd aelwyd gynnes, glyd
A chydymdeimlad parod
Yn niddordebau'i fyd.

Hir hwyl i'r cwpwl diddan
Ar aelwyd Maes-y-Wawr,
A'r awen yn croniclo
Fflach yr eiliadau mawr.

Y gerdd a luniodd y Prifardd John Roderick Rees, i B. T. Hopkins, adeg ei ben-blwydd yn wyth deg oed.

Cân olaf bardd Rhos Helyg

Heddiw, o barch, rhaid neilltuo'r golofn farddol i un bardd – y diweddar B. T. Hopkins. Mae'n fis Chwefror, ac yn rhyfedd iawn, daeth priod bardd Rhos Helyg o hyd i'r soned hon ym mhoced ei gôt ar ôl iddo farw. Fe gred y teulu mai dyma un o'r cerddi olaf a gyfansoddodd ac y mae'n bur debyg mai dyma'r darn olaf o farddoniaeth y medrodd ei roi ar bapur yn ei sgrifen ei hun, gan ei fod ers misoedd lawer cyn ei farw yn methu torri ei enw hyd yn oed.

Diolch i'w briod a'r teulu am ddiogelu'r soned hon i'r 'Mis Bach', ac am ganiatáu inni ei chyhoeddi yn *Y Faner* yn un o rifynnau'r Mis Bach. Gwrandewch yn astud wrth ei darllen. Bron iawn na chlywch y llais a gollwyd yn nofio trwy'r llinellau llyfn, ac yn llefaru eto.

Mis Bach

Os yw'n fis bach, mae'n fis y stormydd mawr;
Daw yn ei rym, dros eangderau'r tir
Gan roi y carped glanaf dros y llawr
A throi pob pistyll bach yn risial clir.
Cyfyd ei wynt o hyd yn uwch ac uwch,
Ei nerthoedd gwyllt yn ysgwyd coed i'w gwraidd
Gan daenu dros y wlad dunelli o luwch
Ac atal symudiadau dyn a phraidd.
Ond cryfach na'r tymhestloedd sy'n eu tro
Yn ysgwyd tir a môr yw'r nerthoedd cudd
Sy'n creu dadeni newydd yn y gro
A mynnu o'u caethiwed fynd yn rhydd.
Nid bach yw'r mis sy'n dwyn blodeuyn gwan
Drwy'r rhew a'r eira i gyd yn ddewr i'r lan.

B. T. Hopkins

Cerdd olaf y bardd, a gyhoeddwyd yn *Y Faner*.

92. Mis Bach.

92

93

94

95

[Llythyr yn llawysgrif]

mynydd – llew yn unig yn'r englyn yn naturiol.

Ynglŷn â'ch cais i gael defnyddio'r englyn ar garreg fedd eich diweddar briod, 'rwyf yn naturiol yn cydsynio'n llawen, er fy mod yn aman'n fawr iawn a ydwyf yn teilyngu'r anrhydedd. Rhoddaf i chwi'r rhyddid i ddefnyddio'r englyn mewn unrhyw ffordd fel cymorth i goffáu talent a chymeriad unigryw. Ni fedraf honni i mi gael y fraint o'i adnabod, ond mi fedraf ddwend gyda sicrwydd y cefais y fraint o ddod i'w adnabod trwy ei gerddi

Gyda miloedd o ddiolch i chwi am eich caredigrwydd, ac am wneud i fardd cyffredin iawn deimlo ei fod wedi codi gris neu ddau yn uwch am ddiwrnod neu ddau o leiaf.

Gyda'm cofion goram,
Tony Elliott.

93.   Capel Peniel, Blaenpennal. Yma y priododd, ac yn y fynwent gerllaw y claddwyd ef.

94.   Bedd B. T. Hopkins ym mynwent Capel Peniel, Blaenpennal. Tony Elliott, Pen-isa'r-Waun, a luniodd yr englyn a geir ar garreg ei fedd.

> Gwâr awenydd gwerinol; – rhoes i'w hil
>   'Ros Helyg' yn waddol,
>   Ac i grud ei fro hudol,
>   A hithau'n hwyr aeth yn ôl.

95.   Rhannau o lythyr Tony Elliott, y bardd y dewiswyd ei englyn i'w naddu ar fedd y bardd, at Mrs B. T. Hopkins.

'Ac nid oedd neb â chnwd trymach o ffrwythau aeddfed iawn na Ben Hopkins. 'Roedd yn berson cyfoethog, diwylliedig, Cymreig: Cymro naturiol na lychwinwyd mohono gan undim estron, ond a wrteithiwyd gydol y blynyddoedd gan etifeddiaeth na fedd daear ddim o'i rhyw, yr etifeddiaeth sydd yn rhan o'n treftadaeth fel Cymry. Pan gwympodd y brenin hwn, brenin y gors rhwng môr a mynydd, dirgrynodd Cymru i gyd oherwydd collwyd Cymro naturiol, cadarn. Un balch o'i fro a'i febyd; un balch o'i genedl, ac yn rhyfeddol o eiddigeddus o'r hyn a'n gwnaeth ac yn credu fod diogelu a pharhau yr hyn sy'n gynhenid Gymreig yn genhadaeth oesol, orfodol i bawb ohonom. Ni ellir colled fwy na cholli gŵr fel B. T. Hopkins – colli calon y genedl, colli coron ein diwylliant unigryw.'

Rhan o ysgrif deyrnged T. J. Davies i B. T. Hopkins o'i gyfrol *Gwarlingo,* 1986.

96.   Y Parchedig T. J. Davies.

97.   Llythyr o gydymdeimlad â gweddw B. T. Hopkins oddi wrth James Nicholas, yr Archdderwydd ar y pryd, a'i wraig Hazel, 30 Gorffennaf, 1981.

96

97

55

Doe yn ei dir mor wydyn â derwen,
Prydydd y gweunydd, y grug a'r gawnen;
Mae hwyl y llenor ffein wedi gorffen,
A'r cywydd-wehydd dan fythwyrdd ywen;
Bydd yno byth heb ddawn Ben – hen dristwch
Yn y llonyddwch o gylch Llyn Eiddwen.

Wedi mynd mae cadernid y mawndir;
Fyth yno eilwaith ei fath ni welir,
Ust chwerw dristwch a rodia'r rhostir
Heno, lle gorwedd fy nghyfaill geirwir;
Annwyl dant yr anial dir – a'r corsydd
A gloywaf awenydd bro'r gylfinir!

Dau hir-a-thoddaid er cof am B. T. Hopkins gan T. Llew Jones.

98a/b.   Y gweunydd, y grug a'r gawnen.

J.M. a Phrosser, dau o'r un gweryd,
Dau o hogiau yr hen Geredigion,
Dau bur i'r heniaith llawn afiaith hefyd
Yn llenwi'u horiau'n tafoli llenorion.

Difyr eu cwrddyd i fawrhau cerddi
Yn driawd barddol a thrin cyfrolau,
Doniau gwroniaid yn eu gwirioni
Ar lwybrau anial Triael y bryniau.

Mwyn y seiadau i'r oriau hwyrol
A mynych gampau y dyddiau diddan,
Ac yntau Ben ei brenin gwerinol
A thirf awenydd athrofa anian.

Ei gwm a gofia'r gemau a gafwyd
A'r ynni di-farw, ei nwyd a'i fawredd,
Ac o'i Ros Helyg daw gwres i aelwyd
I'n gaeaf oer daw rhin ei gyfaredd.

Rhan o'r gerdd 'Er Cof am B. T. Hopkins',
gan J. R. Jones, o'i gyfrol *Crafion Medi*, 1992.

98a

Ei nefoedd oedd Blaenafon,
A'r llu o amaethwyr llon
Yn cofio'r Iôr, a mawrhau
Rhoddwr y trugareddau.

Llawn o waddol Llyn Eiddwen
Ei lais yn ein Prifwyl hen,
A rhoes i'r hwyl ymryson
Lafn o haul ar lwyfan hon.

Bro'r lleiniau a'r grynnau grug
Roes ei hawl ar 'Ros Helyg',
Mae'i hiaith glir a'i fframwaith glân
Mwy ar gof Cymru gyfan.

Gŵr astud a gloyw Gristion;
A'r ardal ddihafal hon
Biau, rhwng ei bryniau braf,
Dawelwch ei dŷ olaf.

Diweddglo cerdd goffa J. R. Jones i
B. T. Hopkins.

B. T. Hopkins
1897-1981

O'r gweunydd ar wag Ionawr – hyd y llain,
   Cludwyd llenor enfawr;
    I'w deg gell, gostyngwyd cawr
   Rhos Helyg i'r iselawr.

Ben Tomos, heb un tymor – ni ddaw mwy
   O hedd maith ei oror;
    Y gŵr mwyn, bu'i ddwyn o'i ddôr
   I'w rwn ar hanner Ionor.

Englynion Dafydd Jones, Ffair Rhos,
er cof am B. T. Hopkins.

Er Cof am B. T. Hopkins

'Rhos Helyg' droes o'i aelwyd, – awen fwyn
   Y fawnog a gollwyd;
    I hedd llan o'r gweunydd llwyd
   Bardd gwlad i'w bridd a gludwyd.

'A thristwch ddaeth i'r rhostir', – ac o'r waun
   Daw oer gri'r gylfinir;
    Wedi cau enaid cywir,
   Dewin iaith, mewn diffaith dir.

Mae'n ddistaw dinc ei Awen, – 'grisial lais
   Y gors wleb' a'r gawnen;
    I'w hil dlawd golud ei lên
   A nyddodd wrth Lyn Eiddwen.

Yr enaid gwâr nid â o go', – a thlws,
   Bythol wyrdd ein cofio;
    O'n Gŵyl, gwae ni o'i gilio,
   Bydd hi'n wag heb ei ddawn o!

Cerdd a luniwyd gan T. Llew Jones er cof am
   B. T. Hopkins, o'r gyfrol *Canu'n Iach*, 1987.

'Teimlaf yn falch heddiw fod Ceredigion wedi gweld yn dda i anrhydeddu ei bardd yn ystod ei fywyd, ac nid ar ôl iddo farw, fel sy'n gyffredin. Ym 1969 cafwyd noson fyth-gofiadwy o deyrnged iddo yn un o neuaddau hen adeilad Coleg y Brifysgol, Aberystwyth, pan ddaeth holl feirdd y sir ynghyd i ganu eu mawl iddo ef a'i briod (ei annwyl 'Jên Ann'), a fu'n gymaint nodded a chysur iddo ar hyd y blynyddoedd. (Yn ystod y cyfarch mynnodd ei hen gyfaill, Dafydd Jones, Ffair Rhos, gyfeirio ati fel 'Ei wejen hoff, ei Jên Ann'.) Ond y bardd uchaf ei gloch yn y cyfarfod hwnnw, fel ymhob cyffelyb gyfarfod bron yn y dyddiau hynny, oedd ffrind cywir arall i B.T., sef Alun Cilie. Dyma ddetholiad o'r twr englynion a luniodd y 'Cilie' iddo i ddathlu'r achlysur:

99.   Mrs B. T. Hopkins, gwraig y bardd, yn dadorchuddio'r gofeb i feirdd y Mynydd Bach, nos Fercher, 5 Awst, 1992.

> Pen barwn y grwn a'r grug, – a hoffus
>   Gadarn stwffwl unplyg
>   Yw solet fardd Rhos Helyg;
>   A ffein gymeriad di-ffug.
>
> Stalwart di-frys y dalaith, – a llenor
>   All lunio cywreinwaith;
>   Rhoes i ni mewn persain iaith
>   Ei aur rawn yn yr heniaith.
>
> Ym mhroses timau ymryson, – nid oes
>   D'wysog cynganeddion, –
>   Rhaid addef fel prydyddion
>   Ŵr a'i saif yn yr oes hon.'

Rhan o ysgrif gan T. Llew Jones i goffáu B. T. Hopkins.

E. Prosser Rhys
1901–1945

100

101

100.　Manylyn o Gofeb y Beirdd ar y Mynydd Bach.

101.　E. Prosser Rhys.

102. Ganed E. Prosser Rhys yn nhyddyn Pentre Myny', Trefenter, ar 4 Mawrth, 1901, yn fab i David ac Elizabeth Rees.

'Prin y gellir galw'r lle yn bentref, gan nad ydyw ond nifer o dyddynod gwasgarog, a chapel rywle tua'u canol. "Bethel" ydyw enw'r addoldy – perthynol i'r Hen Gorff Methodistaidd. Nid yw'r ddwy siop neppell o'r capel, ac, fel mewn ardaloedd gwledig ereill, dyma'r mannau y bydd crynhoi'r nos i drin materion pwysig y dydd. Prudd-der ydyw meddwl gynifer o hen dai'r ardal sydd wedi eu gadael i syrthio'n adfeilion yn ystod y blynyddoedd diwethaf, yn hytrach na chymmeryd y draul o'u hadgyweirio. Cesglir y tiroedd at ei gilydd – anghofir y tai. Priodol iawn y gallesid dweud am lawer o'r hen dai hyn yng ngeiriau'r bardd –

> "Y plant hedasant ymaith –
>   Rhowd tad a mam mewn bedd,
> A syrthiodd yr hen fwthyn llwyd
>   Fu gynt yn gartref hedd."

Ond pwy a ŵyr nad oes dyddiau gwell i wawrio yn y man ar Drefenter?'

Lluniodd Prosser Rhys y disgrifiad hwn pan oedd yn bymtheg oed.

O *E. Prosser Rhys 1901-45*, 1980, gan Rhisiart Hincks.

103. Pentref Trefenter.

Y mae cerdd fel 'Y Gof', er enghraifft, yn deyrnged hyfryd i'w rieni syml a hefyd yn taflu goleuni ar gefndir a chymeriad ei ddyddiau mebyd.

104

Bu brin ei ysgol, 'roedd ei fyd mor dlawd,
  Cyn gorfod mynd i'r efail at ei dad;
Ac ymrymusodd o wynebu ei ffawd,
  Ac o bedoli trwm geffylau'r wlad.
Ni cha'dd ei arbed rhag caledwaith ddim,
  Yn sŵn y fegin fawr a'r eingion ddur;
A'r geiniog leiaf (chwerw y meddwl im),
  Ni ddôi heb ddisgwyl maith a geiriau sur.

104.   Efail y gof, gerllaw'r Morfa-du, fel y mae heddiw.

105

105.   Ysgol Cofadail.

106.   Dathlu canmlwyddiant Ysgol Cofadail 1977.

Cerdd gan J. M. Edwards, ar achlysur dathlu Canmlwyddiant Ysgol Cofadail, lle bu Prosser Rhys yn ddisgybl.

Canmlwyddiant Ysgol Cofadail

(Mae hen gartref Prosser Rhys yn ymyl)

Fe'i gwelwch dan foelni'r llethrau
Sy'n goleddu o drumau'r llyn,
Gydag ambell fwthyn hen oes o'i chylch
Yn sbïo o'r brwyn tua'r bryn.

Mae hi yno bellach ers rhyw ganrif
Yn ei symledd wrth ymyl y lôn,
Ac o'r llu a lwybrodd i yfed ei dysg,
Drwy byrth yr athrofa fach daeth o'u mysg
Athrylith neu ddau, gwir yw'r sôn.

Deuai un dros y fawnog wawrgoch
Beunydd i'w sedd yn hon,
Ond er hoywed oedd ei ysbryd cynhyrfus
A doniau ei nwyd awenus,
'Roedd gafael hen lid dan ei fron.

Eithr yntau a ymnerthodd drachefn cyn cefnu
Ar lymder y byw yn ei Forfa-du,
I arloesi dan groesau ar hyd llwybrau llên,
Ac ymroi dros ei Gymru yn wrol hy.

Heddiw ar gyntedd llys yr awenau
Drwy ei syrthio dewr dan ei glwy,
Bydd y gerdd, ei hen Gymraeg a'i waith
Yn gofadail iddo yntau ddyddiau maith,
A'i ffydd fydd drwyddi yn heulo mwy.

Cerddi Prifeirdd, cyfrol I, Golygydd: Alan Llwyd, 1977.

106

Ysgol Cofadail

'Saif tua hanner y ffordd rhwng Trefenter a Moriah, ac iddi hi y daw ieuenctyd y ddwy ardal am eu haddysg elfennol. Ysgol fechan ydyw, gyda thua hanner cant o blant ar gyfartaledd. Hen ysgol hoff! Y mae syllu arnat yn peri i ni hiraethu am y dyddiau hapus pan oeddem yn ddisgybl ynot, ac am ein hathro siriol drafferthodd gymmaint i'n dysgu, y sydd heddyw'n huno'n dawel o ddwndwr blin y byd yn naear garedig Cilcennin.'

Disgrifiad Prosser Rhys o ysgol ei ieuenctid. Dyfynnir yn *E. Prosser Rhys 1901-45*.

107

109

108

107.   Ysgol Cofadail, Trefenter. Yn ei flwyddyn olaf yno, daeth Prosser Rhys dan ddylanwad M. D. Morgan, athro goleuedig a roddodd hwb i'w dueddiadau llenyddol.

108.   Yn ystod ei gyfnod olaf yn Ysgol Cofadail, fe baratowyd Prosser Rhys ar gyfer arholiad y 'Teacher Candidate Scholarship Examination', ym 1914. Pasiodd yr arholiad hwnnw, a hynny a'i galluogodd i fynd i Ysgol Ardwyn, Aberystwyth.

109.   Ysgol Ardwyn, Aberystwyth, lle bu Prosser Rhys yn ddisgybl am gyfnod byr yn ystod 1914 a 1915, ac oherwydd afiechyd, yn ysbeidiol wedi hynny.

110

GERALLT GYMRO.

RWYF yn sicr eich bod oll wedi clywed son am Gerallt Gymro; a hwyrach yr hoffech ddarllen ychwaneg o'i hanes.

Yr oedd Gerallt yn un o gymeriadau mwyaf pwysig y canol oesau. Dygai sêl mawr dros yr Eglwys, yr oedd yn awdwr galluog ac yn deithiwr enwog. Hanes ei deithiau ydyw ei weithiau mwyaf poblogaidd yn ein hoes ni, ac yn sicr y maent yn llyfrau dyddorol iawn. Feallai mai prif fai Gerallt fel awdwr ydyw ei hunan-ymffrost.

Ganwyd ef tua'r flwyddyn 1147 ym Manorbier, sir Benfro. Yr oedd yn Norman ac yn Gymro o waed. Yr oedd ei fam o waed Cymreig, ac yn wyres i Rhys ap Tudur. Yr oedd ei fryd er pan yn blentyn ar fod yn esgob, a dywedai mai adeiladu eglwys wnai ef, pan fyddai ei frodyr yn adeiladu cestyll o dywod ar lan y môr.

Cafodd ei addysg foreuol gan ei ewythr David, yr hwn oedd ar y pryd yn Esgob Tyddewi. Gan ei fod o deulu cyfoethog ac mewn amgylchiadau cysurus, cafodd addysg dda yng Nghaerloew (*Gloucester*), ac wedi hynny ym Mharis. Yn 1172, dychwelodd o Paris i Gymru. Cafodd ei wneud yn Archddeacon Brycheiniog. Yn 1176, bu ei ewythr farw, a mawr feddyliai Gerallt y cawsai y swydd ar ei ol, ond trodd pethau yn siomedig. Ar ol hyn, dechreuodd deithio, a chawn ei fod wedi teithio dwy daith bwysig, sef ei daith i'r Iwerddon, a'i daith trwy Gymru. Ffrwyth y daith olaf yw ei ddau lyfr, "Itinerarium Cambriæ" a "Descriptio Cambriæ," sef hanes taith o gylch Cymru, a disgrifiad o honi ac o'i phobl. Yn Lladin yr ysgrifennodd, oherwydd Lladin oedd iaith pob llenyddiaeth yn ei oes ef.

Yn 1198 daeth cyfle eto i Gerallt ymgeisio am esgobaeth Tyddewi, ond troi yn ei erbyn wnaeth pethau eto. Amcan Gerallt, pe cawsai'r swydd, oedd gwahanu Eglwys Cymru oddiwrth Eglwys Loegr, a gwneud Tyddewi yn anibynnol ar Gaergaint. Teithiodd deirgwaith i Rufain at y Pab i drafod y mater, ond ofer fu ei gais. Teithio wnai Gerallt wedi hyn trwy'r gwledydd, a cheir llawer o'r hanes yn ei lyfrau dyddorol.

Bu farw yn 1223, ac er na charai y Cymry yn fawr, meddyliai yn dda am danynt, a chanmolai hwynt yn eu hymdrech am anibyniaeth a'u cariad at ryddid. Dylid ei goffa'n barchus, yn enwedig ar ddygwyl Dewi.

Llangwyryfon.   E. P. REES.

Beirniadodd ei addysg yn Ysgol Ardwyn.

'. . . addefaf gyda rhai o'm ffrindiau y dylasid gwneuthur mwy wedyn o'r testunau ereill a ddysgir ynddynt, megis Saesneg, Cymraeg, Hanes Cymru, etc; yn wir fe synnech cyn lleied a wyr y plant am y testunau hyn. Wedi dod allan o'r ysgol y dysgais i yr ychydig a wn am ramadeg Cymraeg, ac ni wyddwn i ddim o werth am Hanes Cymru nes darllen cyfrolau J. E. Lloyd rai blynyddoedd yn ol. Cefais i a'm cyfoed rifyddeg [d]diddiwedd yn yr ysgolion, a gwastraffwyd llawer o amser wrth wneuthur yr un symiau, – neu yn hytrach symiau, a weithid allan drwy'r unrhyw egwyddor, am wythnosau lawer wedi inni feistroli'r egwyddo'r [sic] honno'n llwyr.'

Dyfynnir yn *E. Prosser Rhys 1901-45.*

110.   Ysgrif Prosser Rhys ar 'Gerallt Gymro' yn *Cymru'r Plant*, Chwefror 1915. Dyma'i waith cyhoeddedig cyntaf.

111

112

111.   Capel Bethel, Trefenter, a oedd yn ganolfan crefyddol a diwylliannol ym mywyd Prosser Rhys yn ei arddegau.

112.   Richard Davies (Isgarn), sef 'Bardd y Mynydd Mawr'. Ef oedd y pwysicaf o athrawon barddol Prosser Rhys.

'Rhyw saith neu wyth mlynedd yn ôl yr oedd llygaid gwŷr llengar Ceredigion tua chyfeiriad y Mynydd Bach, canys yno ymhell yn y mynyddoedd yr oedd bardd ifanc yn dechrau canu, a chanu'n addawol iawn hefyd. Ganesid a magesid ef yn nistawrwydd dwfn y mynyddoedd rheiny, ac heb lawer o fanteision addysg fore tyfodd yn feddyliwr a bardd ymysg y bugeiliaid, a thrwy ymdrech ddygn daeth yn un a ellid ei alw'n ddiwylliedig. Fel Richard Davies, mi gredaf yr adweinid ef ymysg ei bobl ei hun, eithr Isgarn y gelwid ef bob amser o du allan i gylch ei faboed, yn enwedig pan sonid am ei ganu. Gŵr

tawel-tawel iawn, darllengar a chraff ydyw, a charedig hefyd i'r neb un ieuanc a fyn daro'r tannau'n well.'

Prosser Rhys, *Y Darian*,
20 Tachwedd, 1919.
Dyfynnir yn *E. Prosser Rhys
1901-45.*

'Cyn gadael cartref i ennill bywoliaeth bu'n bostmon lleol, a thebyg yw iddo glywed adrodd am hanesion diddorol am bobl a doniau erwau y Mynydd Bach ac i'r rheiny aros yn ei gof. Bwriadai rywbryd ysgrifennu nofel hir yn ymwneud â rhai o'r hanesion cynhyrfus a ddigwyddodd, er enghraifft, gwerthu tir Comin y Mynydd, a dwyn felly fywoliaeth fain llawer o'r trigolion. Pe bae wedi cael byw yn hwy cawsai fwy o hamdden tua diwedd ei oes i lenydda. Byddem ni, ei gyd-Gymry, yn ddi-ddadl wedi cael cyfrolau o ffrwyth ei ddychymyg praff.'

Evan Jones, *Y Mynydd Bach
a Bro Eiddwen.*

113

113.   Y Morfa-du, cartref Prosser Rhys.

114.   Yr hewl fynydd sy'n cysylltu pentrefi Trefenter a Blaenpennal.

114

'Ar ganol cors ddiffaith y Mynydd Bach hwn y safai'r Morfa-du, cartref Prosser, a thuag yno y cyrchwn i o ben isaf y fro, a B. T. Hopkins o'i phen uchaf, i gynnal ein seiadau llenyddol yn gyson dros nifer o flynyddoedd. Y mae'n wir nad ni ein tri oedd unig gynheiliaid y traddodiad llenyddol yn yr ardal honno, ond fe gadwasom ni'n weddol agos at ein gilydd nes dyfod amgylchiadau a barodd ein gwahanu dros ysbeidiau hir.'

J. M. Edwards, Rhagymadrodd i *Cerddi Prosser Rhys*, 1950.

'Yng nghanolbarth Ceredigion y mae pentref cysgodol, ffrwythlon Llanrhystud; y mae yn ymyl y Bae, ac eto allan o'i olwg. Dair milltir i fyny'n union yn y wlad y mae ardal lom, fryniog, gorsiog Mynydd Bach Llyn Eiddwen. Dair milltir union arall yn fwy fyth i ganol y wlad, y mae bro eang, isel ac uchel Blaen Pennal. Yn yr un pen – ym Mlaen Pennal – y prydydd o amaethwr ifanc yn byw, a'i enw B. T. Hopkins. Yn y pen arall – yn Llanrhystud – y mae J. M. Edwards. Ac yn y canol, rhwng y ddau, y mae fy nghartref innau. Nid nyni'n unig sy'n coleddu Llên rhwng Llanrhystud a Blaen Pennal; ond, rywsut, glynasom ni ill tri yn bur glòs gyda'n gilydd ers blynyddoedd bellach. Cawn seiadau yn weddol fynych, ac yn fy nghartref anhygyrch i y bydd y drindod ddi-brifysgol gennym, yn cyfarfod.'

Rhan o Ragair Prosser Rhys i *Cerddi'r Bore* gan J. M. Edwards, 1925.

'Yr oedd yn drwm dan gyfaredd gweithiau Joyce, Lawrence a Housman yr amser hwnnw, ac y mae ôl dylanwad y ddau olaf yn amlwg ar ei delynegion cynnar. Onid ar y gors unig honno ar hafnos o Fehefin y tynnodd o'i boced gopi o "*Shropshire Lad*," a mynd drwyddo, gân ar ôl cân, nes meddwi ohonom wrth sipio'r gwin prydyddol hwnnw am y tro cyntaf?'

J. M. Edwards, Rhagymadrodd i *Cerddi Prosser Rhys*.

115

116

115. Capel Moriah, Trefenter, lle gwelodd J. M. Edwards ei gyfaill Prosser Rhys am y tro cyntaf, mewn cyfarfod i groesawu milwyr yr ardal yn ôl o Ffrainc yn ystod y Rhyfel Byd Cyntaf. Yr oedd Prosser Rhys yno i adrodd ei bennill mewn eitem o'r enw 'Anerchiadau gan y Beirdd'.

> Ond myfi a'th gofiaf rhwng Bethel a Moreia, yn llanc
> Wynepcrwn cyn nesu o bangau yr adwaith mawr;
> Lle drachtiwn yn rhydd win newydd dy ganeuon
> Rhwng llwyni'r grug a'r eithin, bro'r arogleuon,
> · Lle'r oedd 'cwysi coch yn gollwng tawel sawr'.

J. M. Edwards yn cofio, yn ei gerdd 'Er Cof am E. Prosser Rhys', am y dyddiau cynnar hynny adeg seiadu'r tri chyfaill ar y Mynydd Bach.

'Clywswn, yn hogyn ysgol, ryw sôn fod yna brydydd ifanc, newydd yn ysgrifennu telynegion i fyny ar y bryniau yn rhywle, ond yr adeg honno nid oedd yn ddim ond enw i mi. Disgwyliwn y cyfle cyntaf i fanteisio ar ddod o hyd iddo a'i adnabod. Yna, mewn cyfarfod croeso yn ei gapel ef ei hun i un o fechgen y fro a ddychwelasai o'r rhyfel y gwelais i ef gyntaf. Yr oedd hynny tua diwedd 1917, ac yntau ychydig dros ei un ar bymtheg oed. Ni chofiaf fawr a ddigwyddodd yn y cyfarfod hwnnw, oherwydd rhyngof a'r cyfan erys o hyd yr olwg gyntaf honno a gefais arno. Ei wyneb llyfngroen, bachgennaidd a thrawiadol, a hwnnw'n grwn a gwelw o dan gnwd o wallt gloywddu, – du iawn, a'r sbectol rimyn-melyn honno yn bachu am ei drwyn. Adroddodd ei ddarn, ac ar y diwedd llithrodd allan i'r nos drwy ganol y dorf gan godi coler ei gôt fawr, ac i mi, gyda gwe o ramant breuddwydiol amdano.'

J. M. Edwards, Rhagymadrodd i *Cerddi Prosser Rhys*.

'Roeddwn i eisoes wedi bod mewn nifer o'r rhain a phan ddeallais bod y nesaf i'w gynnal yng nghapel Moreia yn ardal Prosser Rhys, darbwyllais rywrai i'm dwyn yno gyda hwy.

Tua chanol y cwrdd galwyd arno yntau wrth ei enw a gwelais lanc ifanc tuag 16 oed yn codi yn y cefn. Aeth i'r llwyfan a chyfarchodd y cwrdd gyda henillion trawiadol. Nid hawdd anghofio byth yr olwg gyntaf syfrdanol honno a gefais arno.

'Roedd yn debycach i'r bardd delfrydol a rhamantus nag a ddychymygais erioed ei fod. 'Roedd ganddo wyneb crwn, hawddgar iawn ond gwelw, gwelwach efallai oherwydd ei gnwd o wallt llyfnddu.

Gwisgai sbectol rimyn melyn a rhoddai'r cyfan yma iddo ymddangosiad arbennig o apelgar.

Wedi'r cwrdd llithrodd yn sydyn i'r nos ac adre dros y gors heb imi gael cymaint a gair ganddo. Ychydig ar ôl hynny mewn eisteddfod, hwyr fel arfer, yn Llannon y cefais i'r sgwrs gyntaf ag ef.

116. Atgofion cynnar am Prosser Rhys, gan J. M. Edwards, yn y *Western Mail*, 15 Chwefror, 1965.

117. Portread o'r bardd ifanc.

117

118

'Edrychem ni'n dau [J. M. Edwards a B. T. Hopkins] arno yr adeg honno fel math o ddolen gydiol rhyngom a digwyddiadau a dylanwadau pwysig y byd llenyddol, nid yn unig yng Nghymru, ond yn Lloegr hefyd. Oherwydd yr oedd ef yn nes na ni at galon pethau, a'i gymwynas fawr â ni oedd ein cyflwyno, fel tae, i'r pethau hynny ym myd llên a oedd yn cyfrif, ac y gwyddem ei fod ef drwy ryw reddf gyfrin yn deall eu harwyddocâd. Ac un o'r pethau y synnem atynt yn wastad oedd ei ddawn feirniadol gref.'

J. M. Edwards, Rhagymadrodd i *Cerddi Prosser Rhys*.

118.   T. H. Parry-Williams.

Edmygai Prosser Rhys ei bryddest 'Y Ddinas', a enillodd y goron yn Eisteddfod Genedlaethol Bangor, 1915.

119

120

121

119. T. Gwynn Jones.

120. R. Williams Parry.

121. Saunders Lewis.

Yr oedd barddoniaeth T. H. Parry-Williams, T. Gwynn Jones ac R. Williams Parry yn ddylanwad mawr arno wrth iddo ddatblygu fel bardd ei hun.

'Yn fardd y dechreuodd ef. Un o feirdd gwlad Ceredigion. Hoffai ef eisteddfodau Ceredigion. Bu'n ffyddlon a charedig iddynt hyd y diwedd. Yno nid oedd yn swil. Yr oedd yn ei gynefin ac yn nhraddodiad ei gynefin, a synnai'r dieithryn at ei hwyl a'i bendantrwydd a'i hyder sicr a chartrefol. Dywedodd wrthyf unwaith nad gyda Mr. J. T. Jones y dylasai ef fod wedi cyhoeddi'r gyfrol "Gwaed Ifanc," eithr gyda bechgyn Tregaron a Ffair Rhos: "Yr oedd cyhoeddi gyda J. T. Jones yn awgrymu mai un o fechgyn y colegau oeddwn i ac yn gamarweiniol; un o feirdd eisteddfodau'r wlad yng nghanol Ceredigion ydwyf i; dyna 'ngwehelyth i." Yr oedd ganddo synwyrusrwydd y beirdd gwlad hynny, yr un cof am liw ac aroglau, yr un eirfa a thafodiaith. Ei ddarganfyddiad mawr olaf ef mewn barddoniaeth oedd "Meini Gwagedd" Mr. Kitchener Davies. Dotiodd yn lân arni – barddoniaeth Ceredigion gyda'r holl gyfoeth tafodiaith a'r cofio synhwyrus nodweddiadol.'

Saunders Lewis yn olrhain gwreiddiau barddol Prosser Rhys, yn ei ysgrif goffa iddo yn y gyfrol *Ysgrifau Dydd Mercher*, 1945. Mae'n crybwyll hoffter y bardd o'r ddrama farddonol *Meini Gwagedd* gan Kitchener Davies.

122. Llyn Eiddwen, ym mro'r Teirllyn, ar ben y Mynydd Bach.

122

Lliwiau'r hwyr, hanner lloer wen, – awel lesg,
Hwyl ŵyn, si gwenynen –
A myfi heb gwmni Gwen
Uwch llonyddwch Llyn Eiddwen.

Prosser Rhys

123

124

125

Mae Rhisiart Hincks yn cyfeirio, yn ei gyfrol ar Prosser Rhys, at ofnau'r gŵr ifanc ynglŷn â'i iechyd, yn arbennig ei bryderon ynghylch clefyd y darfodedigaeth. Aeth at feddyg a chael gwybod mai dyna beth oedd arno, a thrwy ei feddwl aeth llinell o waith bardd a fu farw'n ifanc o'r clefyd hwnnw, sef Telynog. Meddai ar achlysur dadorchuddio maen coffa i Delynog ac i Osian Davies:

'Prydydd a fu farw o'r darfodedigaeth yn bump ar hugain oed oedd Telynog, ac y sy a'i enw'n adnabyddus ac annwyl ar gyfrif ei gerdd fechan, deimladwy "Blodeuyn bach wyf i mewn gardd". Fe ŵyr pob Cymro gweddol lengar a fu'n dioddef rhag y darfodedigaeth am gyfaredd trist y gân honno.'

'Led-led Cymru', *Baner ac Amserau Cymru*, 24 Mawrth, 1927.

123.　Y maen coffa i Delynog ac Ossian Dyfed yn stryd fawr tref Aberteifi.

124.　Nant-y-moel. Aeth Prosser Rhys yno ym 1915 i gael gwellhad o'i salwch, a chael ar ddeall fod y darfodedigaeth arno.

125.　Heol Dinam, Nant-y-moel, lle bu Prosser Rhys yn lletya gyda'i frawd John, a oedd yn löwr yng nglofa'r Ocean.

126.　Glofa'r Ocean, yn Nant-y-moel, lle bu Prosser Rhys yn glerc am gyfnod byr ym 1915.

126

127

'Hyfryted y teimla dyn ieuanc, pan yn cryfhau ar ol gwendid maith. Teimla ei waed yn llifo'n ffrydlif gynnes drwy ei wythienna[u], teimla bob giau'n ystwyth a gwydn; dychwel y gwrid yn ôl i'w wyneb irad, ac y mae'r galon yn teimlo['n] ysgafn a llon, a gwel dyn banorama bywyd yn ymagor o'i flaen. Felly finnau wedi treulio wythnosau yn Nantymoel. Yr oedd y meddyg yn deall fy afiechyd, teimlwn fy hun yn cryfhau bob dydd; a 'chiliai niwloedd Mawrth fy nigalondid o flaen heulwen Mai fy ngobaith'.'

O ddisgrifiad Prosser Rhys o'i ymweliad â Nant-y-moel.
Dyfynnir yn *E. Prosser Rhys 1901-45*.

127.　Llun o Prosser Rhys a geir yng nghyfrol Rhisiart Hincks, *E. Prosser Rhys 1901-1945*.

Y Triawd Barddol

'Wedi ymgryfhau ar ôl ei salwch dechreuodd Prosser newyddiadura,
a chyrhaeddai adre bob nos Sadwrn o Aberystwyth. Dyna'r adeg yr
awn innau ar fy meic i'w gyfarfod yn y bws o Langwyryfon. Cyn hir,
wedi gorffen ei waith ar y fferm, deuai Ben. Weithiau, ar noson o haf,
efallai y dôi gyda'r bws i Lanrhystud gan alw amdanaf, a cherddem i
fyny wedyn drwy Gwm Mabws gan drin a thrafod popeth newydd a
chyffrous yn y byd llenyddol. Byddai holl nwyd a thân a gwres
ieuenctid ym mhopeth byw'r cread i ni'r nosweithiau hynny. Cofiaf ef
unwaith yn dweud y credai fod hyd yn oed y brain yn barddoni yn y
cwm tawel, coediog hwnnw. Ond yn y gegin ar y rhos wrth y tân
mawn agored y byddai'r hwyl yn codi. Dechreuid gyda darllen yr
englyn neu'r delyneg neu'r cywydd diweddaraf. Ef oedd y beirniad
gorau o ddigon. Syfrdanai ni â'i reddf sicr i synhwyro gwerth
llenyddol pob dim. Adroddai wrth ddau wrandawr awchus am
ddigwyddiadau o bwys ym myd llenyddiaethau'r gwledydd.'

   'E. Prosser Rhys', J. M. Edwards, *Y Crefftwyr ac Ysgrifau Eraill*, 1976.

128.   Cwm Mabws.

129.   Parlwr y Morfa-du heddiw, lle bu'r tri bardd gynt yn ymhél â'r
awen.

128

129

130

131

Cychwyn ar *Yr Herald*

'Mewn ffordd o ddweyd, yr wyf yn Is-olygydd yn y Swyddfa. Ni fydd yma ddim gwaith riportio i mi am dalm, canys y mae gohebydd y "Liverpool Courier" yn y dref, a Mr. Wynne-Parry un o'r gweithwyr yn yr argraffdy, yn gyfrifol am gasglu holl newydd y dref hon inni . . . Fy ngwaith i yw gofalu am stwff Cymraeg, o'r dyddiolion i'r Herald Cymraeg, cyfieithu paragraffau etc i'r papurau Saesneg; "Holyhead Mail & Anglesey Herald," "Carnarfon & Denbigh Herald," a "Merioneth News and Herald," – ac isolygu gyda'r Gol. y stwff a ddaw i mewn yma oddiwrth y gohebwyr led-led y wlad. Nid wyf, oblegid fy ifengoed, yn cael fy nhalu na'm galw yn Is-olygydd, ond deallaf y caf fy nghodi'n fformal i'r safle hon ar fyrr. Rhoes y manager bunt imi yn barod.'

Prosser Rhys yn ysgrifennu at Isgarn o Swyddfa'r *Herald*, Sgwâr y Castell, Caernarfon, ym mis Ionawr 1920.
Dyfynnir yn *E. Prosser Rhys 1901-45.*

130.   Safle Swyddfa'r *Welsh Gazette* yn Aberystwyth lle bu Prosser Rhys yn ohebydd yn ystod 1919.

131.   Swyddfa'r *Herald Cymraeg* yng Nghaernarfon, lle bu Prosser Rhys yn ohebydd o Ionawr 1920 hyd at Ionawr 1922.

132

133

134

135

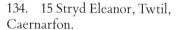

132. Sgwâr tref Caernarfon lle bu Prosser Rhys yn gynorthwywr gyda'r *Herald Cymraeg* o 1920 ymlaen.

133. Morris T. Williams yn y canol a ddaeth yn gyfaill mawr ac yn gydletywr i Prosser Rhys yn ystod ei gyfnod ar yr *Herald*. Yr oedd Morris T. Williams yn gysodydd ar staff y papur. Tynnwyd y llun yn Eisteddfod Genedlaethol Dinbych, 1939.

134. 15 Stryd Eleanor, Twtil, Caernarfon.

Daeth Morris T. Williams, priod Kate Roberts yn ddiweddarach, a Prosser yn gyfeillion mawr wedi i Prosser ymuno â staff *Yr Herald* ym 1920. Bu'r ddau yn cydletya â'i gilydd yn y tŷ hwn am gyfnod.

135. Gwynfor, Llyfrgellydd Caernarfon, dramodydd ac actor. Daeth Prosser Rhys ac yntau yn gyfeillion mawr yn ystod ei gyfnod gyda'r *Herald*.

136

136.   Prosser Rhys a chadair Eisteddfod yr Had, Penbedw, 1920, a enillodd gyda phryddest ar 'Hiraeth'.

Rhan o feirniadaeth R. Williams Parry ar bryddest fuddugol Prosser Rhys yn Eisteddfod yr Had, Penbedw, 1920. Ffugenw Prosser Rhys oedd *Y Pum Tant*.

'Ef yw'r unig ymgeisydd sy'n ymdrechu, ac yn llwyddo ar brydiau, bod yn delynegol. Y mae ganddo hefyd well syniad na'r lleill am nod angen barddoniaeth. Y mae ynddo addewid ddisgleiriach, a dyfaliad cywirach, nag sydd yn ei gyd-ymgeiswyr. Nid yw'r delyneg gyntaf, "Hiraeth Afon", yn llwyddiant, ond y mae'n amgenach na llathenni o linellau ystrydebol. Y mae ei ail-ganiad, "Hiraeth Serch," yn fwy aflwyddiannus fyth, ond y mae ynddi syniad sydd allan o gyrraedd ei gyd-gystadleuwyr, mi dybiaf. Yn ei drydedd [sic] caniad, "Hiraeth Gweddw," y mae'n cyrraedd tir uchel, ac nid oes dim yn y gystadleuaeth mor doddedig a tharawiadol. Siomedig yw'r pedwerydd caniad, "Hiraeth Mam," ond os ymbalfalu y mae'r ymgeisydd, y mae'n ymbalfalu am y gwir. Diwedda'n weddus gyda'r pumed caniad, "Diweddglo".'

137. Terrace Road (Ffordd y Brenin) Aberystwyth. Yno 'roedd Swyddfa'r *Faner* pan ymunodd Prosser Rhys â'r staff yn ail is-olygydd yn Ionawr 1922.

138. Ym 1921 symudodd Prosser Rhys o Swyddfa'r *Herald* yng Nghaernarfon i fod yn ail is-olygydd *Y Faner* yn Aberystwyth.

137

138

Dull Anlladrwydd

Merch oedd hi i deulu pur barchus o'r Wlad,
A dedwydd y'i magwyd gan fam a chan dad;
Nid oedd hi yn ieuanc, nid oedd hi yn hen,
Ac 'roedd Galwad y Cnawd yn nhro'i llygad a'i gwên.

Fe'i ducpwyd i'r Tloty o gonglau y stryd,
A genodd ei phlentyn o olwg y byd;
Ac ofnodd fynd allan, a hithau mor wan,
Cans gwyddai fod cyfle i bechu 'mhob man.

Mi'i clywais ar brydiau yn crio'n ddi-baid,
A sôn am ei chyfran o waed drwg ei thaid;
Ond wedyn tawelai, deffroai'r nwyd hen,
A dôi Galwad y Cnawd i dro'i llygad a'i gwên.

Ni ddwedodd hi air, er ei chrio mawr,
Yn erbyn y rhai a'i tynasai i lawr –
Y dynion ymlidiai'i bwganod liw nos
Rhwng croesffordd y pentref a llidiart y clôs . . .

Am ildio o'i thaid, a chrefyddwyr Cwm Gwŷdd,
A hithau – i Gythraul Anlladrwydd eu dydd,
Mae hi yn y Tloty a'i henaid yn hen,
A Galwad y Cnawd yn nhro'i llygad a'i gwên.

Rhan o'r gerdd 'Y Tloty' a enillodd gadair Eisteddfod Moriah, Caernarfon, i Prosser Rhys ym 1923.
Cerdd 'feiddgar' oedd hi yn ôl y beirniaid. Ynddi fe sonia'r bardd am grefyddwr parchus yn rhoi plentyn siawns i eneth yn y tloty.

139

139.   Meuryn, a adweithiodd yn ffyrnig yn erbyn 'Y Tloty'.

Dyma ymosodiad Meuryn yn *Yr Herald Cymraeg* (Mawrth 20, 1923) ar 'Y Tloty'. Bu'n rhaid iddo ymddiheuro am ei ensyniadau di-sail wedi hynny.

'Y mae ym mhryddest "Y Tloty" Mr. Prosser Rhys, gymaint o athrod am flaenoriaid Cymru ag sydd yn llyfrau a drama Caradoc Evans. Sonnir yno am ryw eneth "a galwad y cnawd yn nhro'i llygaid a'i gwen," a dywedir mai blaenoriaid fyddai'n danfon yr eneth honno adref dros "y clos" yn y nos. Clywsom gan ŵr a'i darllenodd drwyddi – un o'n beirniaid cenedlaethol – fod y bryddest hon yn aflanach na'r un a gyhoeddwyd eto. Beth yw'r drwg sy'n awyr Ceredigion?'

'Ymhlith y troseddau eraill y bydd yn rhaid i Mr. Saunders Lewis roddi cyfrif amdanynt yn Nydd y Farn, fe fydd y ffaith mai ef a soniodd gyntaf wrthyf am waith Joyce, a rhoddi benthyg copi o'r "Portrait of the Artist as a Young Man" i mi, ac onibai am hyn ni buaswn, o bosibl, wedi mentro ysgrifennu'r bryddest "Atgof", nac efallai wedi gallu ei sgrifennu o gwbl. Fe barodd darllen y nofel anghyffredin hon newid mawr ar fy holl agwedd at lenydda. Dysgodd Joyce i mi fod didwylledd yn hanfodol bwysig a bod popeth bywyd yn ddefnydd i'r artist, hyd yn oed gyffroadau anaeddfed llencyndod.'

'Led-led Cymru', Ionawr 22, 1941.

140

140   Prosser Rhys ar y ffordd allan o bafiliwn Eisteddfod
Genedlaethol Pontypŵl, 1924, ar ôl iddo gael ei goroni am ei bryddest
'Atgof'.

Llunio 'Atgof'.

'Byw iawn yw'r atgof am 1924, blwyddyn y goron ym Mhontypŵl.
Gwelsom sonedau'r bryddest nodedig honno'n ymffurfio o un i un bob
penwythnos, gan fyw'n llythrennol yn yr awyrgylch a'i hysbrydolodd
. . . Soniodd droeon yr ofnai ganlyniadau'r gystadleuaeth hon.
Costiodd y gerdd lafur enaid iddo. Beth fyddai adwaith Crwys a
Gwili? 'Roedd yn berffaith onest yn ei chanu gan fod ei brofiad yn
ddarn o'i enaid.'

'E. Prosser Rhys', J. M. Edwards, *Y Crefftwyr ac Ysgrifau Eraill*.

Yn disgwyl wrthyf i! Ar lan y llyn
    Yr eisteddasom fel y cochai'r hwyr.
Neseais ati hi, a'i gwasgu'n dynn,
    A'i hanner annog i ddibristod llwyr.
Llenwais ei llygaid du â mwynder maith:
    Cusenais â gwefusau gwancus, llawn;
Teimlais ei ffurf hudolus lawer gwaith:
    Gyrrais ei gwaed ar gerdded cyflym iawn.
O funud dwym i funud fe ddaeth tro
    Penllanw gorchfygol Rhyw, ac ildio'n dau . . .
A wybu dyn felystra fel efô
    Yn treio – a throi'n atgof hyll – mor glau?
Cerddasom adref, heb ddim sôn am garu
A minnau ar y Pleser wedi alaru.

Rhan o'r bryddest 'Atgof'.

Disgrifiad newyddiadurol o seremoni coroni Eisteddfod Genedlaethol
Pontypŵl, 1924.

'The Archdruid then called upon Dedalus to stand forth, and there
rose, at the press table, Mr. E. Prosser Rhys, editor of *Baner ac Amserau
Cymru*, a young Welshman from Aberystwyth. Cynan and Mafonwy

were thereupon delegated to escort the bard to the platform, where he was crowned by the Prince of Wales. The Prince offered his hearty congratulations to the victor, and afterwards held a huge sword with the Archdruid, Sir Vincent Evans, and the sword bearer, whilst the Archdruid pronounced the prescribed ritual. After the crowning ceremony the Prince had a chat with Mr. Prosser Rhys. On ascertaining that the latter was from Aberystwyth he smilingly inquired whether the poet was one of the mischievous gentlemen who appropriated his umbrella on his recent visit to the Cardiganshire resort.

Re-assured on that score, the Prince asked whether the winning poem had caused him much work.

"It was written on five Sundays, your Royal Highness," was the reply.

"Then you should take a rest now," rejoined the Prince with a smile, "because you look as if you need one."

Cynan's congratulations to the crowned bard were –

> "Cyn pallo'n hatgof am y gwair a'r gwmon,
> A holl aroglau'r cwysi a'r mwg mawn,
> Fe balla d'atgof dithau am y goron
> A gefaist gan Dywysog un prynhawn.
>
> Fe dderfydd bellach wawdio dy athrylith
> Ac arllwys y ffiolau o sarhad:
> Coronir di yn laslanc tair ar hugain,
> Mae'r 'Steddfod wedi arddel Ifanc waed."

O'r *Western Mail*, Awst 6, 1924.

Rhan o feirniadaeth Gwili:

'Y mae'r gelfyddyd yn gynnil, ran amlaf, ac ni cheir dim blas ar gyflawni'r pechodau; eto y mae barddoniaeth hudolus y gerdd hon yn ddigon i lygru meddwl ieuanc y genedl am flynyddoedd, a gresyn fyddai iddi osod y ffasiwn i efelychwyr gwan. Amheuaf a yw *Dedalus* yn gweld hyd yn oed fywyd y cyfnod y cân amdano yn gyfan, ac athroniaeth fas yw honno a ddysg nad ydym ond cynnyrch y dylanwadau a etifeddwyd gennym. Diau y dadleuir nad oes gan *art* ddim i'w wneuthur â moesoldeb fel y cyfryw; ond tybed a yw'r gelfyddyd na wêl ddim ond y cnawd yn gelfyddyd dda? Ni fynnwn fod yn ormod o Biwritan ar fater fel hwn, na dilyn Plato hyd eithafion ei rysedd. Wedi'r cwbl, pwnc yw a ddylid llygru'r Eisteddfod, a gwybrwyo cerdd y mae'n amheus ai gweddus ei hargraffu, ac os gwn i ddim am Gymru wir ddiwylliedig – ar wahan i'w chrefydd – ei thuedd fydd dywedyd am farddoniaeth fel eiddo'r gerdd hon: "Mi a'th chwydaf di allan o'm genau."'

Rhan o feirniadaeth W. J. Gruffydd:

'Ond – ac y mae hwn yn ond pwysig, – y mae'r awdur yn brydydd, yn ei feddwl, yn ei ddull ac yn ei gelfyddyd. Gallodd lunio pryddest sydd ar y cyfan yn un delyneg fawr ar hanfod Personoliaeth yn ei gysylltiad â Bywyd, a gwna hynny drwy geisio mynegi ei feddyliau ef am yr hyn sydd yn gwneuthur Bywyd ac yn gorwedd odditano. Fe fydd yn ddiameu lawer o ddadleu, doeth ac annoeth, ar y bryddest hon gan rai a wŷr beth yw prydyddiaeth, ond yn bennaf, mi dybiaf, gan rai sy'n hollol anaddas wrth natur a diwylliant i werthfawrogi gwir gelfyddyd. Yn fy marn i, y mae *Dedalus* wedi creu campwaith sy'n llawn deilyngu'r Goron, a mwy na hynny, os cymharwn y bryddest â'r rhan fwyaf a goronwyd yn y gorffennol.'

'Yn 'Atgof', y mae'r bardd yn mynd yn ddyfnach. Nid yw'r gerdd yn gwbl lwyddiannus, ond yn sicr, ni chafwyd erioed o'r blaen ymchwil mor iasol o onest i wewyr tyfiant yng nghyfnod llencyndod a hynny â'r fath synwyrusrwydd cyfoethog. Ceisio ail-greu ac adfeddiannu'r gorffennol yn y dull Proustaidd, trwy gyfrwng y synhwyrau ac atgof, a wna Prosser Rhys. Dywedwyd llawer am y dylanwadau ar ei bryddest ac y mae'n wir hefyd fod yr ymholi arteithiol yn naïf ar

brydiau. Eto i gyd, saif y gerdd gyfan yn brawf fod y bryddest
Eisteddfodol, bellach, yn gyfrwng gwir fyfyrdod barddonol. Edrych
pryddest Prosser Rhys ymlaen at waith Caradog Prichard a beirdd
diweddar eraill.'

E. G. Millward ar 'Atgof', yn ei Ragymadrodd i
Pryddestau Eisteddfodol Detholedig 1911-1953, 1973.

J. M. Edwards yn amddiffyn 'Atgof'.

To the Editor,

Sir, much severe criticism has been laid forth with regard to the
successful poem 'Atgof' at the Pontypool National Eisteddfod this
year. The funny part about it is, it seems to me, that those who know
next to nothing about poets and poetry speak the loudest and make the
most roar. Let us talk and write less, and think more. Is there any need
to keep a veil over that which is natural and true?

   I say no. The poet has felt these things dreadfully, and a poet, I
believe, always feels everything nine times as much as any ordinary
person does. The language is beautiful. Whip out from your minds
every narrow and ill thought, if you can, and read the poem twice
again with an open spirit, mind and heart, and tell us then what you
can find wrong with it.

   With this year's crown poem, Welsh literature has made a stride
forward. Why? Because the truth has been unveiled. And before that
can happen, you must find someone for sacrifice and some Prosser
must be pressed – I am etc.

Llanrhystud   J. M. Edwards.

Ymddangosodd y llythyr hwn yn y *South Wales News*, Awst 25, 1924.

Y Bryddest: "Atgof."

YSTORI LLANC SYNHWYRUS.

Gan E. Prosser Rhys, Aberystwyth.

"THE imagination of a boy is healthy, and the mature
imagination of a man is healthy; but there is a space of life
between, in which the soul is in a ferment, the character
undecided, the way of life uncertain, the ambition thick-
sighted. . . . . ."

JOHN KEATS.
Yn ei ail rhagymadrodd i'w "Endymion."

MI rusiais rhagddo drwy flynyddoedd blin
   Ieuenctid nwydus, er ei daerni ef;
Gomeddwn wrando ar ei eiriau rhin
   Er gweled uffern ym mhen draw pob nef.
Ymyrrwr, meddwn, oedd, a fynnai im'
   Geisio yn llwfr ryw ddiogelwch gwael,
A minnau eisiau ildio i chwim a chwim,
   A bwyta gwaharddedig ffrwyth yn hael.
Ond fe'm dilynai er fy rhusio i gyd,
   Heb ddim a darfai ei ddewinol ddawn;
Adwaenai dro fy meddwl claf o hyd,—
   Dilynai a dilynai'n agos iawn.
Fel petai gennad gor-ofalus Dduw
I'm gwarchod rhag y gwybod sydd o Fyw.

Ymateb yr Henadur J. M. Howell i 'Atgof'

'Nid yw awdwr pryddest y Goron, drwy ei gân, yn cynhyrchu yr un
math o soriant tuag at lwth-flys chwant, ag y gwna cân Hood tuag at
achos trueni y ferch anffodus, na thueddi ymchwil i wraidd a thwf y
drwg: nac i orchfygu aidd *gwybod*, drwy weithrediad *cariad* cywir.

   Pe hynny, cyfiawnheid ar dir celf a moes, ddadleniad mewn
pryddest, o wŷn bywyd yr ieuanc.

   Nid yw adroddiad noeth o ymweithiad meddyliau a gweithredoedd
trythyll, er mewn mesur ac odl, ac er i foesddysg fod yn nôd, yn
gelfyddyd farddonol.

"Hunansom, rhywdro, hanner deffro'n dau,
A'n cael ein hunain, a *Rhyw* yn ein gorthrymu."

"Aroglau'r pridd! mae *clywed* hwnnw o hyd

Yn cadw'n ddifarw fyth yr atgof drud
Am f'awydd i *ferchetta*."

Dyma esamplau.

Yr oedd dadleniad Stead o "Modern Babilon" yn farddoniaeth o'r un rhywogaeth, mewn rhyddiaeth.
Y mae yn haws beirniadu'r beirniaid, na beirniadu'r cystadleuwyr.
Collodd y beirniaid gyfle na ddaw yn ol, i gyfiawnhau eu dyfarniad.
Beth bynnag, i lygad y dyn cyffredin, y mae yn hawsach moli yr hyn a honnir i fod yn foes-ddysg y bryddest, na'i chrefft.
Meddylier fod "Gwili," yn lle dweyd yr hyn a ddywedodd, yn llefaru fel hyn – yna buasai y bryddest, yn ei dylanwad ar fywyd Cymru yn wahanol iawn –
"Y mae llongddrylliadau fyrdd yn cymryd lle rhwng y 13 a'r 18 oed yn hanes ein pobl ieuainc."
"Nid yw yr Eglwys wedi llwyddo i godi goleudy, a'i lewyrch yn ddigon treiddgar i ddangos y perigl, lle y gyr moroedd nwyd, rhwng creigiau daneddog blynyddoedd tŵf."
"Bydd llawer yn beio yr Awdwr, am ddewis y fath destun, ac am ei drin fel y gwnaeth: ac yn anad dim, yn beio y beirniaid am roddi iddo'r Goron."
"Ond y mae, dyweder a fynner, wedi rhoi bloedd o lwyfan yr Eisteddfod Genedlaethol, er iddi fod yn grug, sydd wedi dihuno yr Eglwys."
"Ni wnaeth yr Eglwys hyd yn hyn siarad yn *blaen* ac yn agos – yn ddifrif ac yn gyfeiriol – ar berthynas y 'rhywiau.' "
"Sonia yr eglwys lawer am 'fater enaid,' ond ni soniodd yn bwysleisiol am 'fater corff,' ac yr oedd yn tueddu i feio y gŵr a feiddiai ddynoethi peryglon yr ieuainc, fel un o feddwl amhur."
"Ond wele follt o'r Eisteddfod a wna ddihuno gwylwyr Seion. Rhaid i'r Eglwys bellach 'drin y mater,' ac nid son amdano." '

Rhan o erthygl a ymddangosodd yn *Y Cymro*, Medi 3, 1924.

Ymateb Golygydd y *South Wales News* i 'Atgof'.

'So far as we can judge the trend of Welsh opinion, there has been a strong reaction against the undue importance attached to sexual problems in modern literature. Too many writers have appeared to be utterly obssessed with the subject. In the case of Mr. Prosser Rhys's Crown Poem however, we are not dealing with an attempt to appeal to prurient sensationalism, but with an honest and intensely sincere effort of self-analysis.

The poet lays bare his own soul, so to speak and endeavours to analyse his experience . . . "This is what I have felt," he says in effect. "These are the trials and temptations which I have encountered; and this is the faith that has brought me through to manhood."'

South Wales News, Awst 6, 1924.

'. . . yn Eisteddfod Genedlaethol Pont-y-pŵl yn 1924, cofir iddo ennill y goron am ei bryddest "Atgof", cerdd feiddgar a greodd lawer o gyffro ac a ganmolwyd gan rai er ei damnio gan eraill. Nodwedd dristaf yr holl amgylchiad oedd ei fod yn adlewyrchu agwedd ar feddwl yng Nghymru ag sy'n rhy barod i farnu gwerthoedd byd celfyddyd wrth safonau anghywir. Beth bynnag a ddywedir amdani, rhaid ei chyfrif bellach fel un o bryddestau mwyaf arbennig hanner cyntaf ein canrif ein ni, a dweud y lleiaf. Er nad ydyw, mae'n wir, yn gwbl aeddfed ym mhob ystyr, – ni ellid disgwyl iddi fod, rhyfeddod nid bychan oedd i fardd ifanc allu llunio cerdd mor gywrain ei gwead a medrus ei chrefft.'

J. M. Edwards, Rhagymadrodd i *Cerddi Prosser Rhys*.

142

143

144

142/143.　Prosser Rhys a Caradog Prichard. Wedi i Caradog Prichard gael ei wahodd i fod yn ohebydd arbennig i'r *Faner* yn Nyffryn Conwy ym 1924, tyfodd cyfeillgarwch rhwng y ddau, a bu'r ddau yn seiadu yn aml yn Aberystwyth wedi hynny.

144.　W. J. Gruffydd.

Gwaed Ifanc, cyfrol ar y cyd gan Prosser Rhys a J. T. Jones.

'Bu ein barddoniaeth am fwy na chanrif o lyfrdra cywilyddus yn cuddio'r naill hanner i'r gwirionedd dan gochl yr hyn a elwid yn weddustra, ac y mae E.P.R. a J.T.J. hefyd wedi sylweddoli bod yn rhaid tynnu'r llenni bellach ac agoryd y ffenestri er mwyn cael tipyn o wynt oer iach i farddoniaeth Cymru, er iddynt fod yn sicr y caiff yr hen ferched (o'r ddau ryw) annwyd angeuol yn yr oerni ffres.'

W. J. Gruffydd, *Y Llenor*, 1924.

145

145. Prosser Rhys y gwleidydd. Bu'n aelod brwd o'r Blaid Genedlaethol o'i chychwyn ym 1925. Bu'n mynychu Ysgolion Haf y Blaid yn flynyddol, ac yn gweithredu fel aelod o bwyllgorau'r mudiad yn lleol ac yn genedlaethol. Yn y llun gwelir ef yn eistedd yng nghanol y rhes flaen, ac i'r dde iddo Kate Roberts, D. J. Williams, a Mair Roberts. Ar y chwith iddo mae H. R. Jones a Dr Lloyd Owen, Cricieth. Tynnwyd y llun yn Ysgol Haf y Blaid Genedlaethol yn Llangollen ym 1927.

146. Rhaglen Ysgol Haf Plaid Genedlaethol Cymru yn rhifyn Mehefin 1926 o'r *Ddraig Goch*, yn hysbysebu bod Mr Prosser Rhys yn trafod Propaganda a'r Wasg ar ddydd Gwener, Awst 27, o'r Ysgol Haf.

146

6   **Y DDRAIG GOCH.**   MEHEFIN, 1926.

RHAGLEN YR YSGOL HAF.

Fe'i cynhelir yn Hen Senedd-Dy Glyndwr, Machynlleth, o Awst 23, hyd Awst 28, 1926.

Nos Lun, Awst 23, am 8 o'r gloch.
"Egwyddorion Cenedligrwydd," Yr Athro Saunders Lewis, o Abertawe.

Dydd Mawrth, Awst 24.
9.30 a.m., "Cyfundrefn Addysg Cymru," Y Cynghorwr William George, o Gricierth.
5.30 a 7.30 p.m., "Y Gymraeg yn Iaith addysg Cymru," Yr Athro Gwyn Jones, o Aberystwyth, a'r Athro W. J. Gruffydd, o Gaerdydd.

Dydd Mercher, Awst 25.
9.30 a.m., "Galluoedd y Cynghorau Sir a Thref, a'u perthynas a llywodraeth Lloegr," Mr. Cyril Jones, Gwrecsam.
5.30 p.m., "Y Traddodiad Cymraeg o lywodraethu," Y Barnwr Ellis, o Ddolgellau.
8 p.m., "Cyfarfod Cyhoeddus," Siaradwyr—Dyfnallt, Parch. Tywi Jones, Parch. Gordon Lang, ac eraill.

Dydd Iau, Awst 26.
9.30 a.m., "Problem y Llysoedd Cyfraith," Mr. Hopcyn Morris, A.S.
5.30 p.m., "Trefniant Llysoedd Cyfraith Sinn Fein," Y Dirprwywyr Kevin O'Sheil, o Iwerddon.

Dydd Gwener, Awst 27.
9.30 a.m., "Cyllid Cymru a Llywodraeth Lloegr," Mr. E. T. John, cyn A.S., o Lanidan.
5.30 p.m., Propaganda.
  a. Y Diwifrau.—Mr. I. C. Peate.
  b. Byddinoedd Plant.—Ifan ab Owen.
  c. Y Wasg.—Mr. Prosser Rhys.
  ch. Y Merched.—Miss M. L. Roberts.
  d. Brwydr Cwm Rhondda.
        Parch. Fred Jones.
  dd. Ffurfio Canghennau.
        Mr. H. R. Jones.
  e. Dysgu Cymraeg i Saeson.
        Caradar.
  f. Plaid Genedlaethol Cymru a Phleidiau eraill.—Yr Athro W. A. Bebb.

Dydd Sadwrn, Awst 28.
9.30 a.m., Cyfarfod i aelodau'r Blaid yn unig.

Cyfarwyddiadau.

1. LLETY—Ceir pob cynorthwy i sicrhau llety gan Ysgrifennydd y Cyngor Tref, Machynlleth, neu gan Ysgrifennydd yr Ysgol Haf. Nid yw Aberystwyth ymhell o Fachynlleth, a gellir teithio i'r Ysgol yn rhwydd oddiyno.

2. DARLITHWYR—Sylwer nad yw holl ddarlithwyr yn aelodau o'r Blaid Genedlaethol. Gwerthfawrogir eu cwrteisi yn cynorthwyo'r Blaid i chwilio'r gwir am Gymru a Chymraeg.

3. GOHEBIAETH—Gellir cael manylion pellach gan Ysgrifennydd yr Ysgol H., H. R. Jones, Llc Caradog, Deiniolen, Caernarfon.

Dychweler y ffurflen sy gyda'r rhaglen iddo ef **Cyn y Dydd Olaf yng Ngherffennaf.**

147

147. Capel Salem, Aberysytwyth, lle priodwyd Prosser Rhys a Mary Prudence Hughes ym 1928.

Priododd Prosser Rhys a Mary Prudence Hughes yng Nghapel Salem, Aberystwyth, a lluniwyd y cyfarchiad hwn i Prosser gan R. Williams Parry, 11 Ionawr, 1928.

Canlynaist Ferch o'r Gogledd,
   Dilynaist Ferch o'r De
Ond merch o Geredigion
   O'th fodd a'th drodd i dre'.
Boreddydd eich breuddwydion
   A baro'n hir brynhawn,
Eich Gwaed o hyd yn Ifanc,
   A'ch Atgo'n felys iawn.

148

148. Prosser, ei wraig Mary, ac Eiddwen yn faban, yn y car y tu allan i'w cartref yn Aberystwyth.

149/150/151. Prosser, y gŵr teuluol, yn hamddena ac ar wyliau, gyda'i wraig, Mary Prudence, a'u merch, Eiddwen.

152. Prosser ac Eiddwen, ei ferch.

149

150

151

152

153

153. Prosser Rhys, yn sefyll yn ymyl Saunders Lewis, a chyfeillion eraill, ar lan y môr yn Aberystwyth, 20 Ebrill, 1927.

154. Prosser Rhys a'i gyfeillion eto. O'r chwith i'r dde: Prosser, Kate Roberts, Saunders Lewis, Mai Roberts a Major Jack Edwards, ar brom Aberystwyth.

155. Y gyfrol gyntaf a ddaeth o Wasg Aberystwyth oedd llyfryn yn cynnwys dwy awdl Gwenallt, sef *Y Mynach a'r Sant*. Dyfarnwyd 'Y Mynach' yn fuddugol yn Eisteddfod Genedlaethol Abertawe ym 1926, ac awdl 'Y Sant' yn orau yn Eisteddfod Genedlaethol Treorci ym 1928, pan ataliwyd y gadair gan Syr John Morris-Jones a'i gyd-feirniaid.

155

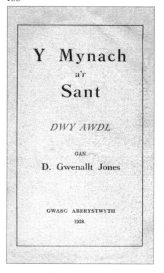

154

156

'Ac iddo yntau droi'n gyhoeddwr a sefydlu'r Wasg enwog sy'n gofgolofn iddo. Yr oedd yn ddyn busnes craff. Tybiai rhai ei fod yn hoff o arian. Y ffaith yw iddo fod yn afiach drwy ei oes a mynd dan lawer o driniaethau llaw-feddygol. Pryderai am y dyfodol ac am ei deulu bychan. Teimlai fod yn rhaid iddo frysio i ddiogelu eu byw. Ond nid ataliodd hynny erioed iddo ddangos haelioni mawr tuag at ei gyfeillion. A Gwasg Aberystwyth oedd cannwyll ei lygad. Yr oedd yn falch o'i llwyddiant ariannol. Ond yr oedd cyn falched â hynny o'i rhestr awduron. Credai'n gywir fod gan ei Wasg ran bwysig ym mywyd llenyddol yr ugeinfed ganrif yng Nghymru. Yr oedd cael enw Syr John Lloyd ar ei restr yn fuddugoliaeth ganddo. Hoffai'r awduron a ymboenai ynghylch ffurf ac wynebddalen. Dysgai ganddynt, a rhoddai manyldra T. H. Parry-Williams bleser iddo, a chafodd fwynhad arbennig y misoedd olaf gyda "William Jones," T. Rowland Hughes. Felly hefyd gyda'i lyfrau ysgol, a thrafferthai'n ddiddig i fodloni D. J. Williams, Llanbedr, a Mrs. Myrddin Davies. Hoffai anturio er mwyn arwain ym meysydd llenyddiaeth. Cofiaf fynd â'm llyfryn "Byd a Betws" ato, a gofyn a gyhoeddai ef argraffiad bychan o ddau gant a hanner o gopïau ar fy nghost i, gan na thybiwn y byddai fawr o fynd arno. Ond mynnodd ei gyhoeddi fel arfer a'i wneud yn gychwyn cyfres o farddoniaeth newydd. Gwn iddo roi cefnogaeth wresog i awduron petrus a'u swcro â'i eiria. Gellir dweud amdano fel y dywedodd John Morris-Jones amdano'i hunan, iddo droi ei hobi yn fywoliaeth.'

Teyrnged Saunders Lewis i waith mawr Prosser Rhys fel sefydlydd Gwasg Aberystwyth ym 1928, yn yr ysgrif 'Edward Prosser Rhys' yn *Ysgrifau Dydd Mercher*.

156.   Prosser Rhys yn sefyll ger pabell Gwasg Aberystwyth ar faes yr Eisteddfod Genedlaethol. Gwasg Aberystwyth oedd ei gyfraniad pwysicaf i Gymru yn ystod ei fywyd yn ei dyb ef.

157

158

158.   Elizabeth Rees, mam Prosser Rhys, yn sefyll y tu allan i 'War yr Allt', Dinas Terrace, Aberystwyth.

159.   33 North Parade, Aberystwyth, lle symudodd Prosser Rhys a'i deulu ym 1936 o Dinas Terrace. Yn fuan trowyd rhan o'r tŷ yn stordy i'r pentyrau o lyfrau a ddeuai o Wasg Aberystwyth, ac yn ddiweddarach o'r Clwb Llyfrau Cymreig o 1937 ymlaen. Daeth hefyd yn swyddfa i Olygydd newydd *Y Faner* ym 1939.

157.   'Gwar yr Allt' ('Y Nyth' erbyn heddiw) Dinas Terrace, Aberystwyth, lle y symudodd Prosser Rhys cyn iddo briodi. Bu ef a'i briod yn byw yma hyd 1936. Ym 1930 ganed merch iddynt, sef Eiddwen, yr un flwyddyn ag y bu farw tad Prosser Rhys yn naw a thrigain oed.

159

160

RHAGAIR.

Y DIWEDDAR Mr. Prosser Rhys a ofynnodd imi ddethol nifer o'm hadolygiadau ar lenyddiaeth yn *Y Faner* i wneud llyfr i'r Clwb Llyfrau.   Dewisais ar gyfer y gyfrol hon ysgrifau ar lên a hanes y gorffennol.   Yn 1939, cyn y rhyfel, y cyhoeddwyd y cwbl ond pump.   Mawrth 1940 yr adolygwyd llyfr Mr. Bebb ar Gyfnod y Tuduriaid ; perthyn yr wythfed i 1944 ; *Cymry Patagonia* i 1943 ; a'r ddwy bennod olaf i 1945. Dyma'r llyfr cyntaf yn y Clwb Llyfrau na welodd Prosser Rhys ei broflenni.   Cyflwynaf ef i'w goffadwriaeth.

Mai 1945.

160.   Fel y tystia Saunders Lewis yn y Rhagair hwn i *Ysgrifau Dydd Mercher*, ar gais Prosser Rhys yr aeth ati i gasglu'r ysgrifau a gyhoeddid o bryd i'w gilydd yn *Y Faner*, cyn eu cyhoeddi yng nghyfres y Clwb Llyfrau Cymreig.

Y Clwb Llyfrau oedd un o gyfraniadau mwyaf gwerthfawr Prosser Rhys.

'Rhyfedd y cyrchu a oedd i'w swyddfa ef yn Aberystwyth. Ychydig o lenorion nac o eisteddfodwyr a basiai drwy'r dref heb droi i mewn i gael sgwrs gyda Prosser Rhys. Dylifai'r cenedlaetholwyr yno o'u pwyllgorau. Galwai'r awduron o bob rhan o Gymru ac athrawon a gweinidiogion a gwleidyddion. Byddai'n fan cyfarfod i lenorion a Chymreigwyr y dref ei hunan. Gwelid y Prifathro Gwilym Edwards yno a chanddo awgrym neu air o gyngor ac yn fynych air o ddiolch a chalondid. Aml y deuai aelodau'r Clwb Llyfrau i holi neu i adnewyddu tanysgrifiad. Clywid Mr. Nicholas yno'n cael ei ddenu oddi wrth Rwsia i chwedleua am fywyd Dyfed gynt, a Sarnicol yn trafod enwau blodau neu air o dafodiaith y wlad. Beirdd ac athrawon a'u barn ar y gyfrol newydd, a chlerigwyr yr Eglwys yng Nghymru weithiau. At hynny, lu mawr o hen gyfeillion o'r wlad ac o'r dref. Câi pawb groeso gan y golygydd hamddenol, a fedrai fwrw mor gyflym drwy waith fel na chredech fod arno fyth frys. Rhoddai'n hael o'i amser i wrando cwynion a bu'n gysurwr i laweroedd. Yr oedd ganddo ddawn gwrando, un o'r doniau prinnaf, un mor brin fel y bydd a'i piau yn tynnu degau ato. Canlyniad hynny oll oedd fod y golygydd yn casglu hanesion o hyd o bob rhan o Gymru ac yn clywed cyfrinachau lu. Ond bu ei swyddfa felly hefyd yn ganolfan gwerthfawr i fywyd llenyddol a diwylliadol Aberystwyth. Nid oedd un man arall tebyg iddi.'

Saunders Lewis yn disgrifio'r cyrchu mawr a fu i Swyddfa Prosser Rhys yn Aberystwyth, canolfan i lenorion y wlad fwy neu lai, a ddeuai yno i sgwrsio, i gloriannu ac i ddweud eu cŵyn.

'Ond wedi iddo fwrw o ddifrif i'w orchwylion amryfal eraill, megis newyddiaduriaeth a chyhoeddi, collodd yntau lawer cyfle i hamddena a phlesera fel cynt. Ac er i nifer o'i gyfeillion diweddarach brofi o'i hwyl a'i gwmni yn ei swyddfa, – eto, credaf ei fod yn hiraethu'n aml am yr hen gwmnïaeth ddi-wenwyn honno yng nghefn gwlad. Soniodd fwy nag unwaith am "y rhywbeth hwnnw sy'n gwneuthur imi awyddu am adnewyddu'r hen gymdeithas â'r cyfeillion prydyddol yn y wlad, a hiraeth am adeg pan oeddwn hyd sicrwydd yn byw'n llai arwynebol ac yn llai rhagrithiol os yn eiddilach fy nghorff a gwacach fy mhoced".'

J. M. Edwards, Rhagymadrodd i *Cerddi Prosser Rhys*.

161.   Llun o Prosser Rhys yn ei ganol oed cynnar, o lyfr Rhisiart Hinks, *E. Prosser Rhys 1901-45*.

162

'Gwelir barddoniaeth Prosser ar ei gorau yn 'Cymru', 'Y Dewin' ac 'Ar Bromenâd' lle mae'r neges yn glir a'r mynegiant yn ddiamwys. Erys 'Cymru' yn un o gerddi gorau'r Gymraeg a deil yn gerdd berthnasol i Gymry heddiw oherwydd ei bod yn codi'r cwestiwn o gymysgu a phurdeb o'r lefel bersonol a geir yn 'Y Ddeuoliaeth' i lefel genedlaethol a chymdeithasol. Yn lle ceisio dianc yn rhamantaidd i ddyddiau gwell y dyfodol neu gymdeithas anllygredig y wlad, dewisir yma wynebu bywyd fel y mae, ac yn lle edrych yn ôl fel y gweir yn 'Y Newid', dewisir yma wynebu pethau fel y maent yn awr. Y mae'r gerdd yn ffrwyth profiad Prosser fel newyddiadurwr ac fel dyn busnes, ond yn anad dim, yn ffrwyth ei brofiad fel Cymro.'

Rhisiart Hincks, *E. Prosser Rhys 1901-45.*

Cymru

Mi glywais awydd gynnau
  Am godi cefn o'm gwlad,
Sy'n ofni dwyn ei phynnau
  Ac yn difwyno'i stad;
Ysglyfaeth parod twyll fo groch
Sy'n gwario'i da am gibau'r moch.

A ffoi i ynys radlon
  Yng ngloywddwr Môr y De,
Lle llithiwyd pob afradlon
  Doreth o dan y ne,
Ac uno â'r ddawns mewn celli werdd
A phlwc gitâr yn cynnau cerdd.

Yno, ni cheid cymysgu
  Gwerthoedd mewn cyfrwys iaith,
Na'r lludded o ddad-ddysgu
  Dros gymhlethdodau'r daith;
Hysteria'r slogan fyddai 'mhell
A'r addo gwych ar ddyddiau gwell.

Ac felly gan anwylo
  Y seml dreftadaeth lawn,
Tariwn o gyrraedd dwylo
  Busnes a'i sinistr ddawn;
Ac ni phwrcasai un fawrhad
Yr estron drwy sarhau ei wlad.

Ond – glynu'n glòs yw 'nhynged
  Wrth Gymru, fel y mae,
A dewis, er ei blynged,
  Arddel ei gwarth a'i gwae.
Bydd Cymru byth, waeth beth fo'i rhawd,
Ym mêr fy esgyrn i, a'm cnawd.

A chyda'r cwmni bychan
  A'i câr drwy straen a stŵr,
Heb hitio yn nig na dychan
  Cnafaidd nac ynfyd ŵr,
Galwaf am fynnu o'n cenedl ni
Gymod â'i theg orffennol hi.

Ac os yw'r diwreiddiedig
  A'r uchelgeisiol griw
Yn dal mai dirmygedig
  Yw ple'r cymrodyr gwiw
Deued a ddêl, rhaid imi mwy
Sefyll neu syrthio gyda hwy.

163

Ar Brynhawn o Haf, 1942

Haul melyn, a lledrith ei des ar y wlad,
Yn saethu areulder at donnau a bad.

Y wennol a'r gwcw yn ôl dros y lli,
A mwyeilch yn taro dyrïau di-ri.

Pob maes dan ei flodau, pob pren dan ei ddail,
A'r ddaear yn wres ac yn gyffro i'w sail.

Oedi rhwng bryniau Llyn Eiddwen ar hynt,
A llus a llugaeron ym mhobman fel cynt.

Dyna dwrw magnelau o benrhyn y de
A haid o awyrblanau yn gwanu'r ne.

Ond beth os yw Rhyfel ar gerdded chwim?
Ni ddryswyd hen bendil y cread ddim.

Pechadur

Eisteddem, dri ohonom, wrth y tân,
  A thrymder Tachwedd ar hyd maes a stryd,
Eisteddem, wedi blino ar lyfrau'n lân,
  A sgwrsio am 'ddeniadau cnawd a byd'.
Soniasom am y pethau ffôl na ŵyr
  Ond llanciau gaffael ynddynt liw na gwres,
Y pethau a gerdd ar lanw eu gwaed fin hwyr,
  A phorthi heb borthi'u blys; a'u tynnu'n nes.
Ym mhen y sgwrs addefais innau'r modd
  Y pechais i tan drais cywreinrwydd poeth;
Gofynnais a bechasent hwy? . . . A throdd
  Y ddau, a brolio eu hymatal doeth!
Ac yno, wrth y tân, yn un o dri,
Gwelais nad oedd bechadur ond myfi.

163. 'Ar Brynhawn o Haf, 1942'.
Ceir yn y gerdd hon, a luniodd
Prosser Rhys tua diwedd ei oes,
gyfeirio'n ôl at ei gynefin ar y
Mynydd Bach, wrth iddo sôn am
harddwch natur ger Llyn Eiddwen.

'Ond yna, yn hollol sydyn, ym
mlynyddoedd cyntaf Rhyfel 1939,
cawsom eilwaith o'i law nifer
fechan o gerddi byrion a ddangosai
feddwl praff, crefft gwbl orffenedig
ac argyhoeddiad cadarn.
Cyrhaeddodd yr agwedd hon ar ei
waith ei mynegiant mwyaf
cofiadwy yn y gerdd "Cymru."
Gellir bod yn weddol sicr mai
enbydrwydd yr amserau a'i ofal a'i
bryder am fywyd a dyfodol ei wlad
a gyffrôdd ei awen yn ei
flynyddoedd olaf.'

J. M. Edwards, Rhagymadrodd i
Cerddi Prosser Rhys.

164

164.   Llyn Eiddwen ar ben y Mynydd Bach. Gwelir castell Tredwell yng nghanol y llun.

'Nid adnabûm i neb a ferwai drosodd o frwdfrydedd a chynlluniau fel ef. A chafodd roddi ffurf ar lawer o'i freuddwydion, nid 'tân siafings' oedd ei frwdfrydedd. Rhyfeddwn a dotiwn fel y dygai ei gynlluniau i ben a hynny drwy gymaint o anawsterau. Os âi rhywbeth yn groes ni thorrai byth mo'i galon, ac os âi rhywbeth yn groes efo rhywun arall ef a fyddai'r cysurwr gorau. Yr oedd ganddo ddawn arbennig i gysuro pobl, a dawn arbennig i wrando ar helyntion pobl eraill. Yr oedd ganddo'r gynneddf anhunanol honno o fedru gwrando. Credaf petai rhyw gyfrifydd hollwybodol yn cyfrif y brawddegau a ddywedwn amlaf drwy ein hoes, mai hon a fuasai brawddeg a byrdwn Prosser Rhys. 'Popeth yn iawn, 'does dim isie i chi ofidio dim!' Yr oedd ganddo chwerthiniad nodedig.'

Kate Roberts yn disgrifio cymeriad Prosser Rhys, yn ei herthygl er cof amdano yn *Y Faner*, 14 Chwefror, 1945.

165.   Kate Roberts.

166.   Gwilym R. Jones, a olynodd Prosser Rhys yn Olygydd *Y Faner* ar ôl marwolaeth Prosser ym 1945.

167

167. Bu farw E. Prosser Rhys ar 6 Chwefror, 1945, yn 43 oed. Y mae ei fedd ym mynwent Aberystwyth.

Y Wên

(Yr oedd ei wên ardderchog ar ei wyneb o hyd.
Ni allwn feddwl ei fod wedi mynd.)

Gorweddai yn llonydd a mud,
   Poen wedi peidio, gofid wedi mynd,
Diwedd y dewrder a'r gobaith i gyd?
   Tyngem yn erbyn tynged ein ffrynd!

Y gobaith a'i cadwodd cyhyd yn fyw
   Er gorfod wynebu clwy ar ôl clwy,
Y dewrder addfwyn a'r sadrwydd doeth
   A ddarfu amdanynt, ers awr neu ddwy?

Bu dost yr ing cyn bod esmwythâd,
   Ing y cof am lawenydd hen;
A ddaliodd gobaith priod a thad
   Heb ôl yr ing, heb bylu o'r wên?

Os mwy na thrist oedd yr olaf awr,
   Os creulon eithaf y dynged hen,
Gwyrodd efô i'r Drugaredd fawr,
   Ni ŵyr namyn Duw ddirgelwch y wên.

T. Gwynn Jones, *Y Faner*, Chwefror 14, 1945.

168. T. Gwynn Jones.

168

169

Cofio Prosser Rhys.

'Yr oedd Prosser Rhys yn un o'r rheini sy'n hoff gan y duwiau ac yn marw'n gynnar. A gwyddom ni sy'n byw yn Aberystwyth am y gwagle sydd yn y gymdeithas Gymreig yn y dref honno ac yng Nghymru gyfan o'i golli. Y bore diwethaf hwn, bron bedair blynedd ar ôl iddo farw, wrth drin rhyw bwnc ynglŷn â llyfrau Cymraeg, dywedwyd wrthyf mor wahanol oedd pethau bellach ac yntau yn ei fedd. Mae llawer ohonom na allwn byth fesur ein dyled iddo.'

T. I. Ellis, *Crwydro Ceredigion*, 1953.

169.   Prosser Rhys a Sarnicol, y bardd a'r llenor, ar Fanc Siôn Cwilt. Bu i'r ddau farw yn yr un flwyddyn, 1945.

'Byddaf i'n synio amdano fel bardd yn meddwl ei fater yn drwyadl, yn treiddio at yr hanfodion ac yn chwilio bob amser, hyd y gallai, am fynegiant a gydweddai â'i fyfyrdod llwythog, a hyn, hwyrach, a gyfrif am ei hoffter o'r soned. Er na ellir ei osod ymhlith rheng flaenaf un beirdd ei gyfnod, eto, bu ei gyfraniad o bwys, ac nid y lleiaf o'i nodweddion oedd dewrder a gonestrwydd personol, a beiddiodd ganu â'i lais ei hun ei gân ei hun.'

J. M. Edwards, Rhagymadrodd i *Cerddi Prosser Rhys*.

170. Eiddwen, merch Prosser Rhys (yn y cefn), ei ŵyr o'i blaen, a'i wraig, Mary, ar y dde.

171. Clawr y gyfrol *E. Prosser Rhys 1901-45* gan Rhisiart Hincks, a gyhoeddwyd ym 1980.

172

Cofio'r cyd-gwrdd dan y dail ar ben Lôn Teirlon
A throelli drwy'r llus ar lawer nwydus nos;
Cofio'r cyd-gerdded "uwch llonyddwch Llyn Eiddwen"
At aelwyd y tân mawn ar fron y rhos.
Dim ond y Morfa-du, ei deulu, y gors a'r sêr, –
O! atgof trist. O! atgof pêr.

172.   Diweddglo'r gerdd, 'Er Cof am E. Prosser Rhys', gan J. M. Edwards, *Peiriannau a Cherddi Eraill*, 1947.

173

J. M. Edwards

1903–1978

174

175

173. 'Uwch llonyddwch Llyn Eiddwen'.

174. Manylyn o Gofeb y Beirdd ar y Mynydd Bach.

175. J. M. Edwards.

176

177

176. 'Royal Diadem', man geni a magu J. M. Edwards, yn Llanrhystud. Cadwai ei dad siop y pentref am gyfnod ym mlaen y tŷ.

177. Capel Rhiw-bwys, uwchlaw Llanrhystud, lle bu J. M. Edwards yn aelod yn fachgen.

178

1907	8				Martha Cane Evans	Evans	Glanyrafon	Carpent	6	11
1907	6	17			ann Eleanor James	James	arettas	Shop Keep	8	16
1907	6	17			Jenkin Morgan Edwards	Edwards	Royal Dendum	"	12	16
1907	6	17			David Rees Morgans	Morgans	Church St	Labour	3	13
1907	6	17			Davies R.E. Olga	Davies	Royal Oak	"	3	4
1907	6	24			Johnny James	James		Shop Keep	10	12

179

180

178. Cofnod o ddiwrnod cyntaf J. M. Edwards yn ysgol Myfenydd, Llanrhystud, ar 17 Mehefin, 1907. Allan o lyfr cofnod yr ysgol.

179. Ysgol Myfenydd, Llanrhystud, fel y mae hi heddiw, ar lan afon Wyre, lle bu J.M. yn ddisgybl cyn mynd ymlaen i'r Cownti Sgŵl, yn Aberaeron.

180. Afon Wyre, gerllaw'r ysgol.

181

181. Afon Wyre, gerllaw Llanrhystud, a ysbrydolodd y bardd i ysgrifennu llawer telyneg iddi. Ynddi hefyd, yn grwtyn, fe ddaliai frithyllod drwy eu gogleisio. Yr oedd yn bysgotwr mawr yn ei oriau hamdden trwy gydol ei oes.

Cwm Wyre

Gwm unig, y mae anial
Du a'i ddwrn wedi dy ddal!
Gwm dirgel, a'th dawelwch
Dan y drain a'i do yn drwch!
Gwm distaw, llaith yw'r awel
Â heibio mwy heb ei mêl!
Ai siom ynot tithau sydd,
Hen gwm unig y mynydd?

Rhan o'r gerdd 'Cwm Wyre', y cwm y gorwedd Llanrhystud ynddo, man geni a magu J. M. Edwards. O'r gyfrol *Y Tir Pell a Cherddi Eraill*.

182

Y Bompren

Cul, union rhwng ceulannau, – unig yw
 Mewn hen gwm rhwng llwybrau;
 A gŵyr hon hygar enwau
 A llw hir, dwys llawer dau.

Englyn i'r 'Bompren', o'r gyfrol *Cerddi'r Daith*. Ymddangosodd pompren Llanrhystud hefyd yn ei bryddest 'Y Pentref'.

183.   Ysgol Sir Aberaeron yn y cyfnod yr oedd J. M. Edwards yn ddisgybl yno, rhwng 1916 a 1922. Bu'n ffodus i ddod dan ddylanwad dau ŵr arbennig a'i symbylodd yn fawr ar ddechrau ei yrfa fel prydydd, sef E. O. James, athro Cymraeg Ysgol Sir Aberaeron, ac E. Prosser Rhys.

182.   Y 'bompren' dros afon Wyre, gerllaw cartref J. M. Edwards. Lluniodd delynegion a cherddi i'r 'bompren' hon.

183

184

185

184.   J.M. â chadair a enillodd mewn eisteddfod leol ym Machynlleth, 1922, pan oedd ar fin mynd i Goleg y Drindod, Caerfyrddin, yn fyfyriwr. Enillodd saith cadair mewn eisteddfodau lleol a thaleithiol pan oedd yn ifanc.

185.   Coleg y Drindod, Caerfyrddin, lle bu J. M. Edwards yn fyfyriwr rhwng 1922 a 1925.

186.   Un o hoff feirdd Cymraeg J. M. Edwards oedd R. Williams Parry. Arferai droi'n gyson at gerddi'r bardd hwnnw i'w trin a'u trafod gyda chyd-feirdd ac mewn cyrsiau astudio llenyddiaeth i athrawon a myfyrwyr. Dotiai hefyd wrth i'w gyfaill da J. O. Williams, y llenor o Fethesda, draethu ambell hanesyn am ei gymydog a'i gyfaill R. Williams Parry. Dyma englyn cynnar gan J.M., ym 1924, i gyfrol gyntaf ei eilun.

186

Yr Haf a Cherddi Eraill

Peraidd y canodd Parri, – bardd yr oes,
   Bardd yr haf a'r llwyni;
   Ei gyfrol wen eleni
   A geidw'i naws gyda ni.

187.   Cadair Eisteddfod Myfyrwyr Cymru, a enillwyd gan J. M.
Edwards ym 1925, pan oedd yn fyfyriwr yng Ngholeg y Drindod,
Caerfyrddin. Mae'r gadair erbyn hyn yn sefyll mewn lle parchus yn
sêt fawr Capel Rhiw-bwys, Llanrhystud.

187

188

Cerddi'r Bore :

Cyfrol o Farddoniaeth
GAN
J. M. EDWARDS.

GYD A RHAGAIR
GAN
FARDD CORON GENEDLAETHOL CYMRU
AM 1924.

ABER DAR :
ARGRAFFWYD GAN HY. LLOYD (AP HEFIN).

Pan oedd J. M. Edwards yn 21 oed, fe ddywedodd Prosser Rhys, ei gyfaill, hyn amdano yn rhagair cyfrol gyntaf J.M., *Cerddi'r Bore*.

'Ysgrifennu telynegion yw ei hoffedd ef, ac yn y cyfrwng hwnnw y mae ef naturiolaf a medrusaf. Hysbys i'n seiat ni [Prosser a J.M. a Ben] yw hanes llawer o'r cerddi hyn. Clywsom hwy yn newydd sbon ar dafod eu hawdur. Tarddasant, gan mwyaf, o'i brofiad ef ei hun; y maent yn esiamplau diffuant o ansawdd ei feddwl. Ni cheffir ganddo nemor o sŵn cras brwydrau a darganfyddiadau dyndod cynnar.

Medd ar ryw afael dawel ar fywyd a'i ceidw rhag cythruddo a ffieiddio er undim. Cân yn heulog, yn llednais ac yn agos. Magwyd ef ar aelwyd ddedwydd, sy'n cynnwys tair cenhedlaeth … tair cenhedlaeth a wybu Fywyd yn gyson ac yn garedig. Arni gwelir rhai hen yn hoenus, ac yn esmwyth-gydfod â gobaith eu plant, ac â direidi plant eu plant. Eto y mae cartref J. M. Edwards mewn cwm coediog, diddos, nas adnabu eithaf na chorwynt na churlaw na niwloedd na noethni'r morfa a'r mynydd. Geill y neb a ddarlleno hyn ddeall canu J. M. Edwards yn well.'

188. Wynebddalen y gyfrol *Cerddi'r Bore*, y gyfrol gyntaf o farddoniaeth a gyhoeddwyd gan J. M. Edwards, ym 1925. Fe'i cyflwynwyd i'w 'hen athro annwyl', E. O. James, a fu'n ddylanwad cryf ar y bardd ifanc pan oedd yn ddisgybl yn Ysgol Uwchradd Aberaeron.

189. Cerdd serch gynnar gan J. M. Edwards i'w gariad Tydfil a drigai yn Aberaman, Aberdâr, ym 1927.

189

190.   *Y Tir Pell a Cherddi Eraill*, gan J. M. Edwards, a gyhoeddwyd ym 1933, gyda rhagair gan T. Gwynn Jones.

'Un nodwedd a ddarganfu'r beirniaid ar waith Mr. Edwards pan gyhoeddodd ei gyfrol fach gyntaf, "Cerddi'r Bore", ryw wyth mlynedd yn ôl, oedd ei Gymreigrwydd, o ran nodwedd ei feddwl a gwraidd ei gelfyddyd. Deil y Cymreigrwydd hwnnw ei dir yn y gyfrol hon eto, yn y ddeubeth. Nid oes yma ymgyrraedd at ryw osgo herllyd, agos-i'r-dibyn, tuag at bethau, nac addurno Cymraeg â slang Saesneg er mwyn bod yn "fodern". Gall Mr. Edwards fforddio cerdded ei lwybr ef ei hun, ymddiried yn unplygrwydd ei feddwl ei hun. O feddylstadau syml ond cywir fel hyn y daw'r cyfosodiad ffrwythlon hwnnw a wna brydyddiaeth yn beth amgen na rhyw chwitchwatrwydd yn ymorchestu yn amlder ei ystumiau ei hun.'

T. Gwynn Jones, o'i ragair i *Y Tir Pell a Cherddi Eraill.*

190

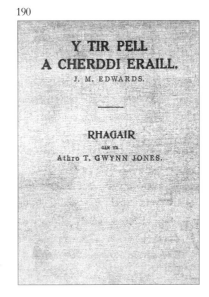

191.   'Gwbert', 20 Clement Place, Y Barri, a fu'n gartref i J. M. Edwards a'i deulu o 1936 hyd ei farwolaeth. Yma, gyda'i wraig Tydfil, y cododd ei dri phlentyn, Emyr, Euros a Glesni. Yma, hefyd, y gwelwyd seiadu cyson a brwdfrydig rhwng J.M. a'i gyfeillion llenyddol o bob cwr o Gymru.

192.   Tydfil, gwraig J. M. Edwards.

191

192

193

194

193.   J. M. Edwards gyda'i wraig a'i lysfam o flaen 'Royal Diadem', cartref gwreiddiol y bardd yn Llanrhystud.

194.   Emyr, mab J. M. Edwards.

195

196

195.   Emyr, mab J. M. Edwards, yn cael ei goroni yn Eisteddfod Myfyrwyr Cymru, yn Aberystwyth, ym 1953. Eirian Davies yw meistr y seremoni, ac ef oedd beirniad cystadleuaeth y goron, ar y testun 'Y Cnawd Hwn'.

196.   Euros, ail fab J. M. Edwards.

197

198

199

197. Glesni a'i mam ar draeth Cold Knapp, Y Barri, gerllaw cartref y teulu.

198. Y bardd gyda'i ferch, Glesni, a'i briod, Tydfil, ar wyliau yn Dartmouth ym 1967.

199. J. M. Edwards wedi achlysur bedyddio ei ŵyr, Seth, ym 1969.

200. Golwg o lan môr y Knapp, ger cartref J. M. Edwards yn Y Barri. Yr oedd yn hoff iawn o grwydro'n feunyddiol ar hyd prom y Knapp. Yno câi heddwch i fyfyrio ac i edmygu'r machludoedd gwefreiddiol a fyddai'n gefndir i fôr Hafren.

201. Y Porthceri, ger Y Barri, lle bu J.M. yn cerdded droeon, a lle y cafodd, yn ddiau, yr ysbrydoliaeth i lunio'i gerdd 'Bro Morgannwg'.

200

Â'r nen yn Hafren, hyfryd
Yw bwrw awr ger Saint-y-brid;
Tegwch di-wall Llangrallo
A gwyn o fan yw Gwenfô.
Huda'r llwybr at fwynder lli
A theg hwyr ym Mhorthceri;
A fedd lle dangnefedd llwyr
A llawn swyn fel Llansanwyr?
Ffyrdd bach im at Dresimwn,
O li môr hyd Ffwl-y-mwn.
Er dod o ru diwydiant
Oes y dur gyda'i chras dant,
O'i thir daw er rhuthr y dydd
Eiriau mwyn yr emynydd.
Bro hyglod a'i thraddodiad
Yn rhan o lên yr hen wlad.

O'r gerdd 'Bro Morgannwg',
allan o *Y Casgliad Cyflawn*.

201

202

202.   Dyma olygfa o'r afon sydd yn llifo trwy bentref Llancarfan, ym Mro Morgannwg. Yr oedd wrth ei fodd yn crwydro'r Fro, gan fyseddu cyfrol y dotiai arni, sef *Crwydro Bro Morgannwg*, Aneirin Talfan Davies.

Lluniodd J. M. Edwards lawer cerdd wedi ei seilio ar harddwch, hanes ac enwogion y Fro.

203.   Yr olygfa wrth edrych draw o'r Knapp yn Y Barri tua Phorthceri. Dyma fôr a thir yn ymuno yng ngogoniant natur, mangre yr hoffai ei llwybreiddio a chanu iddi.

Er ei fod yn byw'n gysurus yn Y Barri, a'i yrfa'n ei gadw yno, yr oedd calon J. M. Edwards yn Aberteifi o hyd, a dychwelai'n gyson i ardal y Mynydd Bach at ei gyfaill pennaf, B. T. Hopkins. Y mae nifer o gerddi'r bardd yn tystio i'w hiraeth.

203

204

204.   Trefenter.

O frithdir atgof y gyrraf lef
Atoch, fy nau gydymaith gynt
Pan ar fy hynt yn Nhrefenter.
Ai'r un yw'r Llyn
Yn hendir y mawn ar do'r mynydd,
Ai'r un hedd a lliw sy 'ngerddi'r llus?
A wyrthia'r gwanwynau sawrus yno o
                                        hyd,
Cyfnosau fermiliwn ymachludoedd haf?
Ai blingo'r rhostir y mae glaswynt Ionawr
Fel cynt pan gamwn dros y gors
I'r sgoldy llwyd o'm Morfa-du?
Mynegwch im, pa hanes sydd i'm gwlad,
Ba ryw hoen sy ar ei bryniau,
A pha ryw ynni'n ei dyffrynnoedd?
A erys hwyl yn Rhos Helyg?

205

206

J. M. EDWARDS
(Enillodd y Goron am "Y Pentref")

Y bardd angerddol, aml ei gyfrolau,
Myfyriodd, treiddiodd i fyd dirweddau
Oni ffrydiodd y dwys gyffroadau
Yn lli o rymus, bleserus eiriau;
Pa ryw hoen sydd yn parhau — mewn
bardd ffraeth
Mawr ei ddewiniaeth, amryw ei
ddoniau!

B. T. HOPKINS

205.   Camu allan o'r pafiliwn ar ôl ei goroni yn Eisteddfod Genedlaethol Machynlleth, 1937. Yr oedd y goron yn un arbennig iawn, wedi ei llunio o aur Tseina, ac yn rhodd gan Gymry Shanghai.

206.   Ymddangosodd y cartŵn hwn a'r hir-a-thoddaid o waith B. T. Hopkins yn *Y Faner.*

207

207.   Gwynfor Evans, brodor o'r Barri, a fynychai gartref J. M. Edwards yn Clement Place pan oedd yn ifanc i gael sgwrs a gloywi iaith yng nghwmni'r bardd o Geredigion. Edmygai J.M. yrfa'r gwleidydd wrth iddo gymryd arno faich y frwydr am urddas cenedl.

'Rwy'n ei gofio yn ein tref a'i swildod iddo'n glogyn
A'r Gymraeg yn crynu'n nerfus ar ei wefus ifanc,
A brad ei wlad yn blino a llwydo'r llanc.
Bellach ar noethlymder yr ucheldir y saif beunydd
Fel duw gobaith yng ngwyntoedd difater ein bröydd.

Rhaid bellach yw gwrando arno, a gwylio'i fys
Yn ein harwain i'r unig lwybr lle cryfheir ein hiechyd,
Lle bydd gwyntoedd ein bryniau ni yn foddion ein bywyd;
Gwrando ar ei lais yn cyhoeddi, fel corn cad,
Addewid am ein hunig wawr o Wyddfa ei wlad.

'Yr Arweinydd (i Gwynfor Evans)', allan o *Y Casgliad Cyflawn*.

208

208. J. M. Edwards yn cael ei goroni yn Eisteddfod Genedlaethol Hen Golwyn, 1941, am ei bryddest 'Peiriannau'.

209. Detholiad o un o gerddi mwyaf adnabyddus J. M. Edwards, sef 'Peiriannau', pryddest a enillodd iddo'r goron yn Eisteddfod Genedlaethol Hen Golwyn, 1941. Bu rhannau o'r bryddest hon yn ddarnau cyson yng nghystadlaethau cyd-adrodd eisteddfodau Cymru drwy gydol y blynyddoedd.

209

Peiriannau
(Detholiad)

'Nyni yw'r peiriannau.
Chwithau, ddynion, a'n cenhedlodd
  o gyfrin groth eich ymennydd,
Gwybyddwch na ddihengwch rhagom,
  nad oes ffoi o'n crafangau ni;
Eich awydd balch a'n ffasiynodd
  i foldio, torri, morthwylio,
Ein hiliogi i ddigoni eich trachwant
  a bod byth yn gaethweision i chwi.

'Rhwygasoch hen gyrff y mynyddoedd,
  prociasoch le tân yr heuliau
Amdanom, rhoisoch ddawns i'r atomau
  lle gorweddem yn ddirym a mud.
Heddiw mae rhythm ein dyrnodio
  yn eco dros feysydd a dinas;
Nyni ydyw'r meistri bellach,
  ystyriwch eich taliad drud.

'Dowch atom, nesewch at ein gorseddau concrit
Lle'r awdurdodwn eich einioes.
Yma cewch glywed nerth ein rhu a chrynu,
Rhu newynog, orfoleddus,
Gwaedd fygythiol, erch.

'Ond eich gwŷr ieuainc a garwn yn orau,
Hwynt-hwy, rai cryfion, dewr.
Oni ddaeth i'w bryd unwaith y medrant
Arglwyddiaethau arnom? Hyrddiant eu hunain danom,
Tynnant ni, gwthiant ni,
Ond ni fedrant chwarae plant â ni.

'Rhwng ein dannedd a'n pawennau yr ymnyddant,
Gorachod brysiog, gwallgof, cellweirus
Rhwng gwefusau'r cogiau a'r gêr.
Ir oeddynt gan nodd eu hieuenctid hardd
Ond nyni a ddihysbyddwn bob nerth, –
Nyni yw'r peiriannau . . . Nyni.
Felly yn eu balchder y rhwygwn hwy,
Gweithiwn yn gyson, siŵr,
Ac â'n beunyddiol ffust darniwn y clymedig yn araf.

'Heb enaid, heb ymennydd, heb nerf
A heb drugaredd . . . gan gnoi'r metel
Cnoi hefyd fel tynged hyd graidd lwynau'r ddynolryw,
A sathru'r gerddi yn y galon
Gan ymlid y blodau o'n diwydiannol stad.
Nyni yw'r peiriannau . . . Nyni!'

'Peiriannau': Pryddest Eisteddfod Genedlaethol Hen Golwyn, 1941.
　　Rhan o feirniadaeth Edgar H. Thomas:

'Camp y bardd hwn yw nad yw'n bodloni ar ladd ar y peiriannau yn
arwynebol yn null y ffug-ramantwyr; yn hytrach fe'n dwg o raid i
sylweddoli'r ymdrech meddwl a brofodd wrth geisio dehongli eu
hystyr a chael ffordd ddihangfa o'r dryswch. Y mae llun ac ieithwedd
a rhythmau'r gân yn delweddu'r tyndra, praw lled sicr o
ddiffuantrwydd teimlad. Mewn gair, y mae'n creu o welediad, ac am
hynny'n lleisio'n annibynnol.'

Rhan o feirniadaeth T. Eirug Davies.

'Y mae yma rym a thosturi, angerdd a dyfais, rhuthr geiriau, mydr a
meddwl, a sobrwydd dychrynllyd bywyd rhwng dannedd y
peiriannau dur. Gwneir defnydd godidog o'r mesur penrhydd, ac o
eirfa ddiweddar byd y peiriant. Ni wn i am ragorach canu gan neb o'r
beirdd hynny y sonnir amdanynt yn aml fel "the Pylon Poets" ymhlith
y Saeson, – gwŷr fel Auden, Spender, a Cecil Day Lewis.'

'Dyry'r bardd ddarlun hunllefus o fyd a aeth yn ysglyfaeth lwyr i
ddiwydiannaeth. Her i ddyn sydd yma i reoli'r anghenfil a greodd ei
hun ac sy'n bygwth ei draflyncu. Y mae yma obaith hefyd. Dywed y
bardd wrth ddiweddu fod egni creadigol dyn yn adlewyrchiad o'r
Ynni Dwyfol. Ond i ddyn gofio hyn y mae gobaith am 'berffeithiach
yfory'. Prif nodwedd arddull pryddest J. M. Edwards yw'r rhethregu
campus a geir ynddi, ei symudiadau chwim, yr amrywiaeth crefftus o
rythmau a mynych greu effeithiau onomatopeig.'

　　　　　E. G. Millward ar 'Peiriannau', yn ei Ragymadrodd i *Pryddestau
　　　　　Eisteddfodol Detholedig 1911-1953.*

210

Gair at B. T. Hopkins
(ar adeg rhyfel)

Pe gwelit fi yn dyddiol gylchu 'nghell
Yn nerfau i gyd ar alwad cloch neu ddrwm,
Ti dyngit nad oes im ucheldras gwell
Na chaethwas wrth ei res amodau 'nghlwm.
Neu 'nghaffael fel rhyw ddeddfol, rithiol fod
Yn troi wrth fympwy ei amseroedd caeth,
I'm penodedig awr yn mynd a dod
Ar ras prydlondeb megis ton y traeth.

Pan oer hwtera lleisiau cras y doc
Eu rhybudd hwyr, dan do fy mwrdd o ddur,
Rhyw gynganeddu'i thynged â'r hen gloc
Mae'r galon wan wrth gynnal rhythm ei chur.
O! na chawn heno'n dy gymdogaeth di
Brofi diseiren nos ei bryndir hi.

210.   Dyma gerdd i'w gyfaill B. T. Hopkins pan oedd y nos ar ei duaf, ac awyrennau Almaenig yn bygwth Caerdydd ac Abertawe oherwydd y dociau pwysig oedd yno. Ac yr oedd dociau'r Barri yn y canol rhyngddynt. Treuliodd J. M. Edwards gyfnod y Rhyfel yn athro yn Ysgol Gynradd Ynys Y Barri.

211.   J. M. Edwards yn cael ei dywys at y llwyfan gan aelodau o'r Orsedd yn Eisteddfod Genedlaethol Llandybïe, 1944, i gael ei goroni.

212.   Seremoni coroni Eisteddfod Genedlaethol Llandybïe, 1944, pan na chynigiwyd coron fel y cyfryw, ond yn hytrach fedal bres hardd, oherwydd bod cwtogi ar fetel yn ystod yr Ail Ryfel Byd.

213.   Medal Cystadleuaeth y Goron yn Eisteddfod Genedlaethol Cymru, Llandybïe, 1944, a enillwyd gan J. M. Edwards am ei bryddest 'Yr Aradr'. Dyma'r unig dro yn hanes yr Eisteddfod yn yr ugeinfed ganrif i fedal gael ei chynnig am bryddest.

Yr Aradr', Pryddest Eisteddfod Genedlaethol Llandybïe, 1944.
    Rhan o feirniadaeth Dewi Emrys:

'Eithr na thybier mai darluniwr yn unig yw'r bardd hwn. Medd angerdd calon: ac fe ddengys i ni ddwyster y meddyliau a gyffry enaid yr aradwr yn ei gymundeb â'r gweryd. Rhydd ddernyn huawdl a grymus yng ngenau amaethon a fyn mai mewn undeb llwyrach â phridd y ddaear y daw i'r cenhedloedd dangnefedd ac iechydwriaeth:

> Minnau fy hunan pan ddeffry'r bywyd drwy'r ffridd,
> A safaf fyth ar dy hanfod tragwyddol, O! bridd.
> Caraf a moliannaf di, mawrygaf dy glod
> Yn nheml ddi-faen y gwynt ac ehangle'r glaw.
> Canys ohonot y tardd ein llawenydd,
> Pob dim a wyddom o dan y nef,
> Tawel ryferthwy'r gwanwyn a'r gobaith
> Sy'n llafnau ir ei fyddinoedd ef.

Dyna rymuster nas cafwyd gan neb arall yn y gystadleuaeth, a hwnnw'n rymuster sy'n cyd-agweddu'n berffaith ag arwyddocâd yr Aradr ac â'r breuddwydion a dry o'i chwmpas pan arddo gŵr meddylgar ei faes.'

214.   Un o gyfeillion mawr J.M., sef y Prifardd Rhydwen Williams, a anfonodd y cerdyn hwn ato wedi'r Ŵyl, yn dangos Rhydwen yn siglo llaw gyda'r Frenhines adeg ei goroni yn Eisteddfod Genedlaethol Aberpennar ym 1946.

214

215

215. Ysgol Uwchradd Aberaeron.

Nid oes i ieuenctid ffyrdd.
Llawenydd ei fyd ydyw pleser mawr
Y llwybrau, dringo dros y bryniau gwyrdd
Hyd y llethrau a'i dwg o hyd at lygad y wawr.
Llwybrau plant yw gogoniant eu gwanwyn
Pan fo rhythm y gwaed yn un â chynghanedd
Calon y cread.

'Rwy'n galw amdanoch heddiw, hen wynebau ifainc,
O gilfach a thref, mynydd a llan;
Gadewch eich ffyrdd a'ch priffyrdd llychlyd, dychwelwch
Gyda mi hyd y llwybrau a oedd gynt yn dirwyn tua'r fan.

Agoriad y gerdd 'Llwybrau', a luniwyd gan J. M. Edwards ym 1946 yn arbennig ar gyfer cyfrol Jiwbili Ysgol Uwchradd Aberaeron 1896 – 1946.

216

216. *Cerddi'r Daith* gan J. M. Edwards, cyfrol o farddoniaeth, cyflwynedig i'w gyfeillion barddol pennaf, B. T. Hopkins ac E. Prosser Rhys. Cynhwyswyd ynddi gerddi arwyddocaol y bardd rhwng 1920 a 1953 ac fe'i cyhoeddwyd gan Wasg Aberystwyth ym 1954.

217

217.   Yr Athro G. J. Williams.

Griffith John Williams

Gydag ef aeth y golau o'r haul oedd dros y tir
Lle llosgodd ei ddyddiau. Nid edwyn mwy
Yr henffyrdd culion mo'i lun, ninnau mo'i lais.

Trist yw Ewenni, y Bewpyr a'r Silstwn,
Y Wig a Threfflemin lle gwelais ef gynt ar daith
A llewyrch yr ymchwil mawr yn tanbeidio'i wedd.

O'i droi'n fud o'i drafael, ef a'r awen dreiddfin,
Mae crygni galarus yn y don wrth Dwn-rhefn
A hiraethgan awel yng nghoedlannau Elái.

Gwinllan a gloddiodd, teg ffrwyth a gododd
Yn gnwd o wreiddiau ei hen ddiwylliant hi,
A gosod wrth ein min y gwin oedd ym Morgannwg.

Sobreiddiach ei drem na'r undyn a welais
Ar lwybrau ei Fro, aeth archoll ei cholled a'i brad
Hyd fywyn ei galon, hyd fewnaf haen ei ysbryd.

Lawn bryd inni syllu â myfyr newydd ystyr
Ar len ei weledigaeth ardderchog ef
Rhag myned o'r gwiwdra a greodd gyda'r dail i'r crinwynt.

Colofn ni welais yn ei ddinas i'w goffa ef,
Ond mae cronicl ei fyw a'i lafurwaith i gyd
Yn gadarn ar lech bron ei garedigion da.

218

Cerdd i Athro Llenyddiaeth,
llenor a chyfaill a edmygai'n
fawr yw'r gerdd 'Griffith John
Williams' a gyhoeddwyd yn y
gyfrol *Cerddi'r Daith*. Yr oedd
gwaith Griffith John ar Iolo
Morganwg ac ar enwogion eraill
y Fro yn ffynhonnell ddihysbydd
o fwynhad ac ysbrydoliaeth
drwy'gydol y blynyddoedd y bu
J. M. Edwards yn byw yn
Y Barri ac yn crwydro'n gyson
yn ei amser hamdden ar hyd
ffyrdd y Fro honno.

218.   Coffadwriaeth i Iolo Morganwg yn Eglwys Treffleming ym Mro Morgannwg.

219.   Eglwys Treffleming ym Mro Morgannwg, un o'r lleoliadau prydferth a hanesyddol bwysig y mynnai J. M. Edwards ymweld â nhw wrth iddo dywys ei ffrindiau o gwmpas y Fro.

219

220

220.   Capel Bethesda'r Fro, sydd ers yr Ail Ryfel Byd ar odreon maes awyrennau enfawr Sain Tathan, ond sydd yn dal i arddangos ei urddas plaen.

Ymserchai J.M. yn holl hanes Bro Morgannwg. Ar ei hynt yn ei Awstin 7, fe wyddai'n burion am gefndir a hynodrwydd diwylliant pob adeilad a llecyn yn y Fro honno. Un o'r adeiladau arbennig hynny yw capel Bethesda'r Fro. Daw'r llinellau hyn o'i gywydd 'Bro Morgannwg' yn y *Casgliad Cyflawn*.

> Mae'i hanes yn ei meini,
> Mwyn saint yn ei mynwes hi;
> Rhoi ei nawdd i'r hen eiddo
> Yw hir fraint Bethesda'r Fro;
> Hoff le yr angerddol fflam
> A Suliau Thomas William.

221

I Catherine ac Emyr
ar achlysur eu priodas, Rhag. 26 ain 1957.

Dan hud serch dau enaid sydd – yn uno
Yng ngwanwyn llawenydd;
Heulwen deg a lonno'u dydd,
Hedd cariad fyddo'u ceyrydd.

Da yw dydd rhodio deuddyn – i froen
Cyfrinach y rhosynnau;
A gwawried arnynt wedyn
Orian gwell glory gwyn.

Heb awel lem a heb loes, – heb ei boen
Y bo byw hyd henoes;
Dyddiau hir a dedwyd oes
Fo'u rhan hyd ŵyl'r einioes.

Lliw Ebrill fo i'ch llwybrau, – a heulwen
Ddi-alar fo'ch dyddiau;
A thirion hirion oriau
Yn haf teg ar bywyd dau.

Boed eich byd o hyd yn hedd – a'ch uniad
Uwch anair i'r diwedd;
Oesfa wiw i chwi hyd fedd,
A rhodio mewn anrhydedd.

Geneth decaf Gwmafan – a'i denodd
Â'i doniau ei hunan;
A cheinaf degwch anian
Yw mab a merch ymhob man.

Yn ienanc ac yn newydd, – yn ei gwrisg
Mae hi'n fain yablennydd:
A hardd iawn ydyw ar ddydd
Ei phriodas â'i phrydydd.

Haf o iechyd fo ichwi, – hedd a hoen
Diddanwch yn gwmni;
Boed eich hynt a'ch bywyd chwi
Yn beraidd yn y Barri. JME.

222

221.   Cadwyn o englynion a luniodd ar achlysur priodas ei fab Emyr â Catherine, brodor o Gwmafan, 26 Rhagfyr, 1957. Fel y mae'r arfer ymhlith beirdd Cymru, fe luniodd gerddi yn ystod ei oes i sawl aelod o'i deulu, i gyfeillion ac i bobl a edmygai.

222.   Bu Gwilym R. Jones yn gyfaill mawr i'r bardd trwy'r blynyddoedd y bu'n cyfrannu erthyglau a cherddi i'r *Faner*. Câi Gwilym R. groeso mawreddog yn Clement Place, Y Barri.

223

Portread—J. M. EDWARDS

Un o blant Ceredigion yw J. M. Edwards, a fagwyd ar aelwyd ddedwydd ym mhentref bychan Llanrhystyd. Mynnodd ymyrryd â barddoniaeth yn gynnar, a bu'n ffodus i ddod tan ddylanwad dau ŵr arbennig a'i symbylodd yn fawr ar ddechrau ei yrfa fel prydydd, sef E. O. James, athro Cymraeg Ysgol Sir Aberaeron, ac E. Prosser Rhys.

Un o fwynderau pennaf ei ieuenctid a fu cerdded i gartref Prosser yn ucheldir corsiog y Mynydd Bach gyda chyfeillion eraill. Ar yr aelwyd honno yn y Morfa-du, gwefreiddiwyd y prydydd ifanc lawer tro wrth wrando ar Prosser yn datguddio gogoniant gweithiau beirdd gorau Cymru. Mewn rhagair i gyfrol gyntaf J. M. Edwards, "Cerddi'r Bore", dywedodd Prosser : "Teimlaf yn sicr y clywir eto oddi wrth J. M. Edwards, wedi y caffo gyfle i gwbl ddisgyblu ei feddwl a pherffeithio'i grefft". A gwyddom erbyn hyn mor wir fu'r geiriau.

224.   Bedd mam a thad J. M. Edwards, Margaret Mary a John William, a oedd yn arweinydd y gân yn y capel gerllaw, ym mynwent Rhiw-bwys, uwchlaw Llanrhystud. Dyma gwpledi J.M. i'r ddau ar y garreg fedd:

> I'w fam: 'Ei geiriau a hi'n gorwedd
>   A glywir byth drwy glo'r bedd.'

> I'w dad: 'Wrth gofio a fu, uwch truan
>   Ddaear ei gell gweddw yw'r gân.'

223.   'Dyna J. M. Edwards, barddmentrus y rhythmau modern. Ond rhaid sylwi hefyd ar ei gyfraniad i'n llên fel beirniad. Mae bellach wedi ennill ei le fel un o feirniaid sicraf a phraffaf y bryddest yn y Genedlaethol. Oherwydd ei astudiaeth drwyadl o'r canu penrhydd, y mae ei feirniadaethau yn werth eu hastudio'n ofalus. Nid oes neb a'i clywodd yn traddodi yng Nghaerffili ar bryddest Euros Bowen yn debyg o anghofio'r amgylchiad.'

Rhan o 'Portread – J. M. Edwards', *Y Faner*, 7 Awst, 1958.

224

J. M. Edwards
(Un o'm Hathrawon Barddol)

Yn 20 Clement Place, Y Barri, slawer dydd,
yn y parlwr melyn yno,
lle'r oedd dy goronau cenedlaethol yn haul i gyd,
fe allai eginfardd o odreon gwladaidd y Mynydd Du
gael ei wrbaneiddio gan dy eiriau di.

Eiriaswyd Llanrhystud dy ddawn
yn ffwrneisiau Morgannwg,
ac onid ti a gyflwynodd i mi
ingotiau gorffenedig Yeats,
dur diriaethol Auden,
alcan litanïau Eliot,
a pheiriannau cymhleth dy rythmau dieithr dy hun,
a fflachiai yn eu newydd-deb stond
ym mharlwr tlawd fy meddwl?

Doeddwn i, wedi'r cwbl, yn ddim ond llanc,
wedi ei lyncu gan gywreinrwydd,
(yn ffrind i Emyr ac Euros a Glesni, dy blant)
yng ngherdd ei ddwy ar bymtheg oed o linellau llac.

Fe'th welais di wedyn, ti a Thydfil, dy wraig,
ryw flwyddyn cyn dy farw,
a minnau, erbyn hyn, yn ddyn.

A thithau yn eistedd yn dy gadair yn yr un parlwr
(hoffaswn y foment honno pe gallaswn fod wedi dy baentio
yn rhythmau hirgul oesol Modigliani),
yr oeddet yn brwydro â'th afiechyd.

Afiechyd i ti, ac i minnau nawr, oedd y Gymraeg,
cryndod o grynoadau swrth,
na allet ti, na minnau nawr, eu hanwybyddu;
gwaed yn y gwythiennau'n caledu,
curiadau'r galon yn gwanychu,
a'r synhwyrau segur yn glwm o syndodau coll,
wedi gloddest.

Hen anrheg drom oedd y foderniaeth honno
a gyflwynaist i mi
yn y parlwr melyn hwnnw, slawer dydd,
y parlwr pur
sydd dywyll heno.

Cerdd Bryan Martin Davies i J. M. Edwards,
o'r gyfrol *Pan Oedd y Nos yn Wenfflam*, 1988.

225

225. Y Prifardd Bryan Martin Davies, a ddaeth yn gyfarwydd â J.M. trwy ei gyfeillgarwch â'i feibion, Emyr ac Euros. Ar gychwyn ei yrfa fel bardd, fe gafodd Bryan Martin lawer hwb ac ysbrydoliaeth i ddilyn ei grefft farddol wrth draed J.M. Yn ei gyfrol *Pan Oedd y Nos yn Wenfflam*, y mae Bryan Martin Davies yn cyfeirio at J.M. uwch cerdd iddo fel 'Un o'm Hathrawon Barddol'.

226

Y Llun Olaf o Gwenallt

Aeth ei ofal a llwyth ei ofid
Am hen wlad ein tadau a'n mamau
Yn y diwedd i gyd
O'i galon i'w wyneb.

Rhychiog artaith cymoedd ei chyni,
Gerwinder nadd ei mynyddoedd,
Gwedd bro lle mae gwaedd briwiau
Ei heisiau noeth.

Hen ddihoenedd ei hynni,
Ing bygythiad ei hangau.

Llynnoedd ei llygaid
Yn syllu'n heriol dros ei goror
O'r lle y sugnir eu goleuni glân.

Cerfwaith dychrynllyd ei thywydd garw,
Tirlun trais,
Map ei dioddefaint.

Amlinell ddirdynnol ei chystudd hi,
Delw ei dolur.

226.   Y llun o Gwenallt a ysgogodd y gerdd 'Y Llun Olaf o Gwenallt', yn *Y Casgliad Cyflawn*.

227.   'Ddydd Llun cefais grwydro i weld y llynnoedd o'n cwmpas. Dywedodd Mrs Hopkins wrthyf mai dyma hoff gyrchfan fy hen gyfaill, y bardd J. M. Edwards, o Lanrhystud a'r Barri, a phob tro y bydd J.M. yn sôn am yr ardal wrth ryw gyfaill o Sais, bydd yn brolio iddo dreulio ei wyliau yn y "Lake District".

Yr oedd eistedd ar lan Llyn Eiddwen, a phrofi hedd ei unigedd, yn donic i'r ysbryd. Ffrydiai i'r cof atgofion dwys a difyr am fy hen gyfaill annwyl Prosser Rhys, ac ar y gwastatir yn y pellter islaw gallwn weld ei hen gartref, Y Morfa-du, lle bûm unwaith, lawer blwyddyn yn ôl, yn bwrw'r Sul gydag ef.'

Caradog Prichard yn cyfeirio at hoffter J. M. Edwards o Lyn Eiddwen ac ardal y Mynydd Bach.

Cylchgrawn Cymdeithas Ceredigion
Llundain, 1960.

227

228.   Ymddangosodd tair cerdd gan J. M. Edwards yn y flodeugerdd
The Oxford Book of Welsh Verse, a gyhoeddwyd ym 1962, sef 'Y Llanw',
'Y Gweddill', a 'Dau Ganiad i Amser'.

Rhwydwch ei rith yng ngweoedd mân eich dydd,
A ffugiwch eich bod chwithau â'ch traed yn rhydd.
Ffinio'i anferthwch hen ar wyneb cloc,
A gorfod plygu i don ei ddial toc.
Alltudiwch ef dros rimyn llwyd y co'
A'i roi ym medd yn nhir yr angof dro;
Gwariwch ei oriau ar y lloriau llathr,
Ar fydr y ddawns daw yntau ar eich sathr.

Wedi digyfrif nef pob ennyd fer
Cyfyd rhyw drannoeth ei ofnadwy her;
Tra'n gwawdio'i ddoe a'i fyrdd eiliadau gwael,
Mae tradwy'n paratoi i'ch cwrdd a'ch cael.
Gyrrwch holl-bresenoldeb hwn o'ch byd,
A'ch twyllo chwi eich hunain yr un pryd;
O'i hael ddigonedd cymrwch raff i'ch rhan,
Daw dydd y glynwch wrth un edau wan.

Mesured rhai eu dydd a hyd eu hawr
Wrth addysg ddoeth y sêr a phasiant mawr
Yr heuliau fry; eraill eu calendr oer,
Cywir wrth ddifeth reddf y llanw a'i loer;
Darllened rhywrai beunydd yn eu gwaith
Bennod tymhorau prydlon ar eu taith;
Gwylied bryd hau a medi, farwol truan,
Eithr mae medelwr a'i cwymp yntau'n fuan.

Ond gwae fyfi os caf mor rhwydd fy nal
Gan ymdaith lliwgar rwysg ei garnifal!
Pob prin ryfeddod nas deil cell yr awr
Sy'n pennu fy nifesur oriau mawr;
Neu deimlo gyda newydd wyrthiau'r cread
Ias eu hymyrraeth drwy fy marwol wead;
Llaw cymar, gwên, ein cwrdd a'n 'madael ni
A ddengys bryd a phryd f'amseroedd i.

Rhan o'u diddanwch sydyn oni chaf
Mae'r nos yn nos, haf nid yw mwyach haf.

228

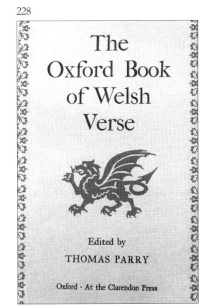

Cofir llawer bardd ar ôl ei ddydd am
un gerdd fythgofiadwy, a honno yng
nghyswllt J.M. oedd 'Peiriannau'
efallai, ond gwelir yng ngwaith y
beirdd hynny hefyd undod thematig
yn aml. Bardd Amser oedd J. M.
Edwards yn bennaf. Fe ganodd gryn
nifer o gerddi ar Amser, ac y mae'r
thema honno'n gweu ei ffordd drwy
nifer eraill o'i gerddi hefyd. Pwyso
ar ystyr ac arwyddocâd treigl a
dylanwad Amser oedd un o brif
ffynonellau ei awen ef. Un o'i gerddi
mwyaf trawiadol i Amser yw honno
a gynhwyswyd yn *The Oxford Book of
Welsh Verse*, sef 'Dau Ganiad i
Amser'. Dyma'r ail ganiad yn ei
gyfanrwydd.

229.   Clawr *Cerddi Hamdden* gan J. M. Edwards, cyfrol a gyhoeddwyd ym 1962, cyfrol sydd yn cynnwys 'Y Pentref', sef y Bryddest Radio gyntaf a ddarlledwyd gan y BBC ac a gynhyrchwyd gan gyfaill mawr i'r bardd, Aneirin Talfan Davies.

'Prolog i Lyfr o Gerddi', y gerdd a ragflaenai gerddi'r gyfrol, *Cerddi Hamdden*.

Prolog i Lyfr o Gerddi

Megis y cyfyd dyn ei drigle
Ar ryw fan tua'i hen fro,
Ac wedi ei orffen lledu ei ddrws
A gwahodd ei gyfeillion yn eu tro;
Ei ddodrefnu a'i oleuo, ac o'i ddeutu
Plannu ei flodau a'i goed,
A rhoi i'r cyfan orau y medro
Lun fel y dysgodd gan ei deidiau erioed.

Yna dwyn yn ôl wrth dân hen aelwyd
Lu'r hanesion a'u hatgofion gynt,
Tra'r byd yn mynd heibio, a'i wylio eilwaith
Ar ei ryfedd hynt.

Felly ceir yma hefyd annedd
A chroeso i bobun, boed lwfr, boed lawen,
I rannu'r gwmnïaeth â rhywrai o'r unfryd, –
I aduno â'r rhai sy wrth dân yr awen.

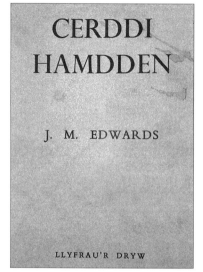

230.   Canolfan Addysg y Dyffryn, Bro Morgannwg, lle bu'r bardd yn darlithio ar gyrsiau chweched dosbarth, ac i athrawon Cymraeg, am nifer fawr o flynyddoedd, ar lenyddiaeth, barddoniaeth a diwylliant ei fro enedigol.

231

Y Dyffryn
(Canolfan Addysg, Bro Morgannwg)

Hen glodwiw blasty gwledig, – a man hardd
    Mewn urddas bonheddig;
    Adail wen mewn dôl unig,
    Annedd gain o fewn hedd gwig.

Ond heddiw wrth fynd iddo, – nid yw byw
    Hendy balch ond atgo;
    Gwerinwyr a geir yno,
    A dawn a dysg dan ei do.

231.   Ithel Davies. Bu'r llenor-gyfreithiwr hwn, a'i wraig, yn gyfeillion agos i J. M. Edwards a'i wraig Tydfil. Caent groeso mawr yn Clement Place, Y Barri, am flynyddoedd lawer. Ysgrifennai'r ddau yn gyson at ei gilydd, gan gynnwys cywyddau a cherddi gwahodd a chyfarch.

'Bûm i'n weithgar ynglŷn ag Eisteddfod Genedlaethol Caerdydd 1960 a 1978 ond ar gyfer yr olaf gwahoddwyd fi i ysgrifennu cywydd croeso i'r Eisteddfod. Ond yn Eisteddfod Genedlaethol Y Barri y cafwyd yr hwyl fwyaf a'r gwmnïaeth fwyaf ysbrydoledig yn y Pwyllgor Llên a J. M. Edwards yn gadeirydd ac Islwyn Jones yn ysgrifennydd iddo. Ar y pwyllgor, yr oedd Glyn Ashton yntau a'i ddawn fawr a pharod. Dyna'r adeg y deuthum i adnabod J.M. gyntaf oll. Daethom yn gyfeillion cynnes a pharhaodd ein cyfeillgarwch yn ddi-dor hyd ei farwolaeth yn y flwyddyn 1978, ychydig ddyddiau cyn Eisteddfod Genedlaethol Caerdydd. Buom yn gohebu'n gyson â'n gilydd ar hyd y blynyddoedd ar ôl Eisteddfod Y Barri mewn cywyddau byr, gwahodd ac ateb, ac ymwelem yn gyson â'n gilydd, ni ato ef i'r Barri, yntau a Thydfil atom ni i Benarth. Trafod y byd a'i bethau a wnaem, a llenyddiaeth a barddoniaeth a'u ffurfiau. Yr oedd yn gwmnïwr difyr dros ben a chraff oedd ei farn ar lên a barddas. Ac yr oedd yn storïwr heb ei ail a'i ffraethineb fel crychni trochionnog Llyn Eiddwen pan fydd cerdded y gwynt yn drwm arno.'

Darn allan o gyfrol Ithel Davies, *Bwrlwm Byw*, yn disgrifio dechreuad ei gyfeillgarwch â J. M. Edwards.

Yr Ysgol Gymraeg

Rhywrai gynt
A fu'n esgeuluso gardd,
Gadael i anialwch yr estrondir
Ei llethu.
Edwinodd y pren,
Pla i'w ddifa a ddaeth –
Hen bren y cynefin bridd.

Ond wele,
Onid oedd hedyn eilwaith
Yng nghôl y gwynt,
A'i wareiddiad yn ei gudd wreiddiau?
Chwiliodd yn hir am y ddaear
A'i carodd gynt.

Yna,
Daeth iddo o'r diwedd Ei dymor ei hun;
Awelon cynnes i'w anwesu,
Tywydd mwy teg,
Disgynnodd i galonnau brwd,
Deffrôdd,
Er gwanned, ir eginodd.

Rhag chwant y chwyn
Da y dwylo a'i didolodd.

Oni-welwch-chi'r blagur ifanc yn ymagor,
Cain dwf mewn cynefin dir
A'r nefoedd yn glasu uwchben?
Daw gwawr yfory i dorri'n deg
Ar y brodorol bren.

O'r gyfrol *Cerddi'r Daith*.

232

232.   Ysgol Gymraeg Sant Ffransis, Y Barri, lle bu ŵyr J. M. Edwards, sef Seth Edwards, yn ddisgybl, a'i ferch-yng-nghyfraith, Catherine Edwards, yn athrawes.

233

233.   J.M. yn ei ardd yn Clement Place. Un o'i hoff orchwylion yn ei oriau hamdden oedd garddio. Fe fu natur yn ffynhonnell gyson o ysbrydoliaeth iddo drwy gydol ei yrfa fel bardd. Yr oedd ei wybodaeth ohoni yn eang ac yn gariadus. Un tro fe ddywedodd y drefn yn deg wrth un o Arolygwyr ei Mawrhydi yn yr ysgol yn Y Barri lle'r oedd J.M. yn dysgu ar y pryd, am fod yr Arolygwr haerllug hwnnw wrthi'n beirniadu stiwdant o athro ifanc am roddi gwers ar rywbeth 'mor ddi-nod â robin goch'.

234

Ar y Mynydd Bach

Mae gofyn ichi fod yno'n weddol hir
Cyn clywed cyfrinach ddyfnaf y lle,
Clywed naws gyfriniol yr awel
Yn sisial atgofion chwedl a chân.

Mae'n rhaid ichi gerdded yn weddol aml
Dros y llwybrau a'r culffyrdd gwasgedig,
A thrwy dwnelau'r ffawydd
Cyn gweled manion diwylliant hen oes
Yng nghreithiau'r murddunod,
Neu yng nghlymiad elfennau clawdd
Lle mae'r cerrig yn gwisgo'u hanes
Yn sgroliau'r mwswm,
Neu wedyn draw hyd ffiniau Bryncewyll
Lle mae'r cof yn sefyllian
Ger amgueddfa'r mawndir.

Pe peidiai ar ryw adeg,
(Pe digwyddai i hynny fod, a ddywedaf),
I ruddwawr y grug ar y ddaear greigiog
A rhewyn main Aeron o'i mawnog
Ddiffygio,
Eto, hir erys i'r dyddiau diderfyn
Ac ehangder pob yfory
Ar feysydd ei lên
Ac ar y meinwynt tryloyw
Hiraeth am yr hwyl a fu yng ngwyrth yr Helyg!

Os diflannu yn niwl ffawd
Mae a wêl pob llygad, –
Canys hyntoedd tymhorau a dyn un ydynt
Yn nydd eu terfynol wae,
Bydd yr hyn ni welir yn dal i aros
Rywle yn ogof y gwagle
I'r sawl a ŵyr lle y mae.

O'r gerdd, 'Ar y Mynydd Bach', gan J. M. Edwards.

235

236

234.   Y Mynydd Bach.

235.   J.M. gyda'i wraig Tydfil, y tu allan i ffermdy Brynwichell, cartref y bardd Ben Hopkins a'i wraig Jane Anne. Yr oedd y pedwar yn gyfeillion mawr drwy gydol eu hoes, ac yr oedd ffermdy Brynwichell, yn ogystal â Clement Place, Y Barri, yn ganolfannau cyson i'w seiadau barddonol a'u gwyliau pleserus.

236.   Y bardd yn ei ardd yn Clement Place, Y Barri. Yr oedd yn ddarllenwr mawr a heblaw darllen yn helaeth farddoniaeth a llenyddiaeth, yr oedd yn hoff iawn o lyfrau teithio.

Y mae trefn nad oes iddi gyfnewid,
Ac un cwestiwn mawr heb ei ofyn i ni
Am nad oes ateb yma iddo.
Chwithau a ddaethoch fel yr ydych
Dim ond am fod y daith yr hyn ydoedd,
A bywyd i'w anwesu fel y mae;
Am fod tarddiant ysbryd drwy'r cnawd yn byrlymu
O ffynhonnell y gerdd ddiddarfod,
A rhywrai'n ei chlywed wedi iddynt ddysgu gwrando.
Mae doethair y Groegiaid yn eco ynom,
'Byddwch, cyflawnwch yr hyn ydych.'

Diweddglo'r gerdd 'Cerddi'r Daith'.
  Y mae'r bardd yn gofyn ar ddechrau'r gerdd:

A phaham y lluniais chwi o gwbl
A'ch dyfod yn y diwedd yr hyn ydych?
A phaham y drafferth lawer adeg er eich mwyn?

237.   Rhydwen Williams, cyfaill mynwesol y bardd, ac ymwelydd cyson â Clement Place, lle y caent lawer noson yn trafod llenyddiaeth ac yn hel straeon. Pan oedd y ddau fardd hyn yn trafod, barddoniaeth oedd canolbwynt y cread.

238

239

238. Ben Hopkins, Tydfil Edwards, J. M. Edwards a Jane Ann Hopkins, y tu allan i gartref Ben Hopkins, sef Maes-y-Wawr, Blaenafon, ym 1974.

239. Tydfil, gwraig J. M. Edwards, yn 95 oed ym 1999.

240

```
GWOBRAU I AWDURON 1976

Cyhoeddᵒdd Cyngor Celfyddydau Cymru heddiw fod cyfanswm o £5,000 i'w
ddyfarnu mewn Gwobrau i un-ar-ddeg o awduron.


Pwrpas y Gwobrau, a ddyfernir yn flynyddol ar argymhelliad y Pwyllgor
Llenyddiaeth, yw cydnabod rhai o'r llyfrau mwyaf nodedig a gyhoeddwyd
gan awduron Cymraeg a Chymreig yn ystod 1975. Y maent yn rhan o
bolisi'r Cyngor o estyn cefnogaeth uniongyrchol i awduron.


Derbynwyr y Gwobrau am eleni yw:


Alan Llwyd:    Edrych trwy Wydrau Lledrith (Christopher Davies)   £500
Marged Pritchard: Gwylanod ar y Mynydd (Tŷ ar y Graig)            250
Alun Llywelyn-Williams: Gwanwyn yn y Ddinas (Gwasg Gee)           250
J. M. Edwards: Cerddi Ddoe a Heddiw (Gwasg Gee)                   250
Gwilym R. Jones: Y Syrcas a Cherddi Eraill (Llyfrau'r Faner)      250
Bernice Rubens: I sent a Letter to my Love (W.H. Allen)          500
R. S. Thomas:  Laboratories of the Spirit (Macmillan)            500
Ruth Bidgood:  Not without Homage (Christopher Davies)           250
Kenneth Morgan: Keir Hardie (Weidenfeld & Nicolson)              250
```

240. Datganiad Cyngor Celfyddydau Cymru i'r wasg ym 1976, adeg cyhoeddi rhestr enwau buddugwyr gwobrau llenyddol y Cyngor am y flwyddyn 1975. Gwobrwywyd J. M. Edwards am ei gyfrol *Cerddi Ddoe a Heddiw* (Gwasg Gee).

241. Clawr cyfrol o ysgrifau gan J. M. Edwards a gyhoeddwyd ym 1976. Y mae'r ysgrifau hyn yn cynnwys disgrifiadau o fywyd cefn gwlad yn Aberteifi, gwerthfawrogiad o waith ei gyfeillion B. T. Hopkins a Prosser Rhys, ynghyd ag ysgrif ar bysgota, un o'i hoff orchwylion.

'Yr oedd J. M. yn llenor greddfol. Dyma fe yn disgrifio rhai o gymeriadau bro ei febyd:

'Ymrithiant ar fy nhraws allan o'r niwlen frith-atgofus honno a'u ceidw megis ysbrydion na ellir yn llwyr gael ymwared â hwy. Dyna'r hen Ddafydd Pen-ddôl . . . gyda'i ffon a'i sbectol dywyll, y diymhongar a'r syml hwnnw a adroddai wrthyf straeon rhamantus ei deithiau môr mewn llong hwyliau. Jâms y Ffatri gyda'i lais dwfn, cryglyd a ymguddiai'n gyfriniol yn ei weithdy a'i ryfedd weithgareddau. Wiliam y Sadler ddiniwed a gerddai heibio bob hwyrnos wedi llafur y dydd gyda'i ffedog wedi'i rhowlio'n strapen wen am ei ganol.'

Mae stamp y llenor ar y 'strapen wen'.'

O ysgrif y Prifardd W. J. Gruffydd, sef 'Beirdd y Mynydd Bach, ac Ifan Jenkins Ffair Rhos', yn y gyfrol *Deri o'n Daear Ni*, Golygydd: D. J. Goronwy Evans.

241

242

243

242.   Y Prifardd W. J. Gruffydd.

243.   Llun a dynnwyd o'r bardd yn ei ardd yn Clement Place,
Y Barri, ychydig cyn y trawiad a'i gorfododd i'w wely am flwyddyn
cyn iddo farw.

J. M. Edwards

Yn ei hoen daeth i'n heniaith – ag urddas
Ei gerddi a'i ryddiaith;
Gŵr o hoffter at grefftwaith
Yn troi'n un o feistri'n hiaith.

Englyn a ymddangosodd yn *Y Faner*, Mehefin 1979, gan B. T. Hopkins
i'w ddiweddar gyfaill mawr J. M. Edwards.

244

MR JENKIN Morgan Edwards, three times winner at the National Eisteddfod of Wales, died at his home at 20 Clement Place, Barry, on Saturday week. Mr Edwards was one of the foremost poets in Wales during the last four decades. He won, in all, 13 chairs and seven crowns in Eisteddfodau in Wales during his lifetime, three of the crowns being awards for the major poetic competitions at this Welsh festival.

He was born at Llanrhydstud in Cardiganshire in 1904 and after an education at Aberaeron Grammar School, and Trinity College, Carmarthen, he became a teacher for a short time in Aberystwyth, from where he came to Barry and taught for the remaining years of his professional life at Barry Island School and at Holton Road School.

His major contribution to the cultural life of Wales was through his poetry and prose writing. His three National Eisteddfod crowns were won at Machynlleth in 1937, at Old Colwyn in 1941 and at Llandybie in 1944. After each occasion he was given a civic reception for these honours by the corporation of Barry town.

His major epic poem was called "Machines" and won him great acclaim during his lifetime. This poem was inspired by the industrial life and environment of South Wales.

He published nine books of poetry during his lifetime, some of which were for children. Many of his poems are read and learnt by children in Welsh schools throughout Wales today. He also published a book of prose works, which is a collection of his wider writings on the rural life and people of Wales.

His distinction was such in the field of poetry that some of his poems appear in the Oxford Book of Welsh Poetry and in the Penguin Book of Welsh Poetry, and he is one of the very few authors whose name appears in the International Bibliography of Writers, who live in Wales.

In 1976 he was honoured by the Arts Council of Wales with a special award for contribution to poetry in Wales.

He died at the age of 74. He leaves a widow and three children.

246

245

244. Teyrnged i J. M. Edwards yn y papur *Barry and District News*, Medi 1978.

245. Y gofeb y tu allan i 'Royal Diadem', Llanrhystud, man geni a magwraeth J. M. Edwards.

246. Clawr *Y Casgliad Cyflawn*, a gyhoeddwyd ym 1980, ar anogaeth Alan Llwyd, ychydig amser ar ôl marwolaeth J. M. Edwards.

Yn y gyfrol *Y Casgliad Cyflawn*, meddai'r bardd yn ei Ragair i'r casgliad yr oedd yn gweithio arno ychydig cyn ei farw:

'Yn un peth, maent yn ddrych o ganu cynnar a rhamantus unrhyw fardd ifanc, ei wendidau a'i rinweddau (os oes rhai), a hefyd o'r dylanwadau a fu ar waith arno a'r meistri y dysgodd ganddynt, a hefyd o'r modd, yn ddiweddarach, y ceisiwyd ymysgwyd oddi wrth yr adleisiau a'r dylanwadau hynny. Os caf ychwanegu un gair yma, bu'r ffaith iddynt gael derbyniad mor frwd gan feirniaid amlwg yn y dauddegau yn ysbrydiaeth a chalondid i ymgynnal a pharhau ar y llwybr y mynnwn ei ddilyn. Mae gwers yma.'

247

A hi'n hydref ni ddaw adre
Sgleiniwr iaith ar daith o'r De,
Mae'r hiraeth ym mro Wyre.

Ei ddawn a oleuai ddydd
Y cain yn nryswch cynnydd,
Miniog oedd arf ymennydd.

Y gwynt dolefus ei gân,
Oer gŵyn ar fanc Tregynnan,
Erwau'r parablwr arian!

Yn ei bwyll ni ddaw bellach
I hedd beirdd y Mynydd Bach,
A fwyallwyd cyfeillach?

Teilwriwyd y talarau,
I'r peiriant, daw'r pwerau,
Pwy rydd geg i frawddeg frau?

Hir osteg sy'n Llanrhystud,
Dewin gair dan y gweryd.
Onid maith myfyrdod mud?

Diweddglo awdl Vernon Jones er cof
am J. M. Edwards a gyhoeddwyd yn y
gyfrol *Gogerddan a Cherddi Eraill*, 1982.

247. Y Mynydd Bach.

248a

Gwahoddir Chwi i
Gyfarfod Dadorchuddio
Cofeb Beirdd y Mynydd Bach

Nos Fercher, Awst 5ed, 1992

am 6 o'r gloch

ar y Mynydd Bach

248b

R H A G L E N

Llywydd
Mr. Vaughan Evans
Cadeirydd y Pwyllgor

Defosiwn
Y Parchedig J.E. Davies
Rhydaman

Dadorchuddio'r Gofeb gan
Mrs. B.T. Hopkins

Siaradwyr Gwadd
Y Prifardd Dic Jones
Y Prifardd T. Llew Jones
Mr. D. Saunders Davies
Mr. Gwilym Thomas
Mr. Vernon Jones

Diolchiadau
Mr. Herbert Morris
Ysgrifennydd y Pwyllgor

Yr Anthem Genedlaethol

249

248.a/b.   Rhaglen cyfarfod y Dadorchuddio.

249.   Ar achlysur dadorchuddio'r Gofeb. Dadorchuddiwyd y Gofeb gan Mrs B. T. Hopkins.

250.   Y Gofeb a elwir bellach yn Gofeb y Beirdd, i'r pedwar bardd a llenor, ychydig ddyddiau wedi'r dadorchuddio ym mis Awst 1992.

251.   Golwg agos ar ddylunwaith a cherfwaith cywrain y crefftwr Ieuan Rees, Rhydaman, ar Gofeb y Beirdd ar ben y Mynydd Bach.

250

251

252

Diolchiadau

Unigolion

Mrs Jane Ann Hopkins, Blaenpennal.
Mr Emyr a Mrs Dilwen Hopkins, Blaenpennal.
Mr Rhisiart Hincks, Aberystwyth.
Mr E. D. Jones-Evans, Y Drenewydd.
Mr Glyn Ifans, Llanbedr-Pont-Steffan.
Mrs Tydfil Edwards, Caerdydd.
Mr Rhys Huws, Prifathro Ysgol Mynewyd, Llanrhystud.
Mr Guto Llewellyn, Llyfrgell y Dref, Aberysytwyth.
Mr Rhys Benjamin, Llanrhystud.
Mrs Marlene Powell, Cyngor Celfyddydau Cymru.
Mrs Mair Lewis, Siop Lyfrau Oriel, Caerdydd.
Mrs Hafina Clwyd, Rhuthun.
Y Prifardd W. J. Gruffydd.
Mrs P. L. Bumford, Cyfronydd.
Mrs Freda Bumford, Llanfair-caereinion.
Mrs M. E. Jones, Wrecsam.
Mrs Eiddwen Jones, Cheadle, Swydd Gaer.
Phillip Jones Griffiths

Sefydliadau

Barddas.
Llyfrgell Genedlaethol Cymru, Aberystwyth (lluniau 13, 14, 21, 23, 24, 37, 70, 110, 139, 152, 153, 154, 166, 190, 211).
Ysgol Uwchradd Aberaeron (llun 183).
Cyngor Celfyddydau Cymru, Caerdydd (lluniau 118, 165, 226).

A diolch hefyd i Marian Delyth am ddylunio'r gyfrol ac am sawl llun o'i chasgliad personol hi. Ei heiddo hi yw'r lluniau a ganlyn:
1, 2, 26, 38, 41, 53, 54, 65, 67, 72, 73, 79, 81, 84, 92, 94, 98, 102, 103, 105, 106, 111, 114, 122, 128, 132, 163, 164, 172, 173, 177, 181, 204, 207, 210, 227, 234, 247, 252.

Llyfrau'r Beirdd

T. Hughes Jones

Sgweier Hafila a Storïau Eraill (1941)
Amser i Ryfel (Nofel) (1944)
Mewn Diwrnod a Storïau Eraill (1948)
Atgof a Storïau Eraill (Golygydd: Gildas Tibbott) (1971)

B. T. Hopkins

Rhos Helyg a Cherddi Eraill (1976)
Detholiad o Gerddi B. T. Hopkins (Pwyllgor Dathlu Canmlwyddiant
Ysgol Tanygarreg) (1977)

E. Prosser Rhys

Gwaed Ifanc: J. T. Jones ac E. Prosser Rhys (1923)
Cerddi Prosser Rhys (Detholwyd gan J. M. Edwards) (1950)

J. M. Edwards

Cerddi'r Bore (1924)
Y Tir Pell a Cherddi Eraill (1933)
Cerddi'r Plant Lleiaf (1936)
Cerddi Pum Mlynedd (1938)
Peiriannau a Cherddi Eraill (1947)
Cerddi'r Daith (1954)
Cerddi Hamdden (1962)
Cerddi'r Fro (1970)
Cerddi Ddoe a Heddiw (1975)
Y Crefftwyr ac Ysgrifau Eraill (1976)
Y Casgliad Cyflawn (1980)